野村育世　著

ジェンダーの中世社会史

同成社　中世史選書　22

目次

ジェンダーの中世社会史

序

絵巻物には、中世に生きた多くの人々の日常の姿が描かれている。彼女たち、彼らは、働き、子を育て、談じ、諍い、笑い、悲しみ、泣く。中世の説話集にもまた、多くの人々の泣き笑いの人生が多く見られる。そして、古文書の中にも、中世社会の人間関係を示す史料が豊富にあり、時折、人々の日常感覚が顔をのぞかせる。

学生時代に、奥信濃の志久見《しくみ》郷に展開した御家人中野氏の『市河文書』(1) を読む機会があった。そこには、隣の領主に鷹の子を四羽盗まれたと幕府に訴えた文書があり、それを読んだ時、私は眼前に、山深く雪深い土地の武士たちの暮らしが立ち現れてくるような気がした。

その中野氏の一人娘の袈裟御前は、物領となって中野氏を率いたが、実子には恵まれなかったらしい。そのため、袈裟の死後、所領は夫の市河重房と子息盛房の手に渡り、志久見郷は市河氏の手に渡ってしまった。その時、袈裟の母が幕府に訴えて言うことには、袈裟は生前、夫に対して、もしも新妻と婚姻したら自分の遺領に対する権利を失うことを約束させていたという。これは、法廷における袈裟の母の主張なので、袈裟が本当にこのような約束をしていたのか、それとも母が考えた作り話であるのか、本当のところはわからない。いずれにしても、御成敗式目にこのような条文はなく、袈裟あるいは母の創りだした法理である。彼女たちは、式目「後家改嫁」の条文――後家が改嫁したら夫の所領に対する権利を失う――の男女を入れ替えて解釈し、それを堂々と主張したのであった。彼女たちの意識の中では、男女は互換性があり、寡夫の改嫁には、当然、寡婦の改嫁と同様な法が適用されるべきだったのである。

このような中世の人々の言い分や独自の論理は、鎌倉幕府の判決文を集めた瀬野精一郎編『鎌倉幕府裁許状集』[2]に、多数見ることができる。絵巻物や説話集も興味深いが、古文書の中に表れる人々の声は、本人のものであるから、より生々しく、人々の意識や世界観を、直接、今に伝えている。それは、ナタリー・Z・デーヴィス『古文書の中のフィクション』[3]が示す十六世紀フランスの恩赦嘆願書のような、虚実が混淆する世界である。

私が関心を持っているのは、中世の人々、とりわけ女性たちの日常を構成する人間関係、文化、心性、法慣習等である。すなわち、社会史であり、広義の文化史であり、女性の歴史ということになる。そして、ここで使用するのが、ジェンダーという概念である。

ジェンダーは、身分や階級と同様に、社会を分析するのに有効かつ不可欠な概念である。ジョーン・W・スコットによれば、ジェンダーとは、「性差の社会的組織化」であり、「肉体的差異に意味を付与する知」である。ここで言う「知」とは、さまざまな文化や社会が生み出す男女の関係についての「理解」といった意味で、可変的・相対的なものである。[4]さらに、ジュディス・バトラーは、身体的な差異も含めて、男女というカテゴリーは全て構築されたもの、と考えるべきであるとした。[5]ジェンダーは、社会を分析する概念であり、たとえば階級という概念が歴史を分析するのに有効かつ不可欠なものであるように、ジェンダーの視点なくして全体史を書くことはできないのである。[6]

現在ではまだ、ジェンダーの歴史学は、全体史の中の部分史、歴史学の特殊な一分野のように扱われることが多い。しかし、実際には、ジェンダーは日常の中に慣習として潜んでいるだけではなく、各時代の政治権力によって、法制度によって、規定されるものでもある。

本書は、ジェンダーの視点で中世の日本社会の諸相を分析し、文化を読み解くものである。古文書や説話集などの史料に基づき、ジェンダーに振り分けられた人々の多様な姿と、中世社会の諸相を具体的に見て行きたい。そこから、中世日本社会における文字、身体、表象、心性、女性と仏教、家族、伝説と昔話、法など、人間の文化と社会にとっての基本的な事柄について考えてみたいと思う。

註

(1) 信濃史料刊行会編『市河文書』『新編信濃史料叢書』三、一九七一年。
(2) 瀬野精一郎編『増訂鎌倉幕府裁許状集』上下、吉川弘文館、一九七〇年。
(3) N・Z・デーヴィス、成瀬駒男・宮下志朗訳『古文書の中のフィクション――十六世紀フランスの恩赦嘆願の物語――』、平凡社、一九九〇年。
(4) ジョーン・W・スコット、荻野美穂訳『ジェンダーと歴史学』、平凡社、一九九二年。
(5) 竹村和子訳『ジェンダー・トラブル――フェミニズムとアイデンティティの攪乱――』、青土社、一九九九年。
(6) 最近、三成美保・姫岡とし子・小浜正子編『歴史を読み替える　ジェンダーから見た世界史』(大月書店、二〇一四年)、久留島典子・長野ひろ子・長志珠絵編『歴史を読み替える　ジェンダーから見た日本史』(大月書店、二〇一五年)の二冊が出され、高校教科書の通史をジェンダー視点で読み替える試みが行なわれた。これらは、高校教科書にジェンダー史研究の成果がなかなか取り入れられない状況を鑑み、あえて現行教科書の章立てに沿って執筆し、一石を投じたものである。ただ、私も一部を執筆して思うことは、やはり既存の教科書の章立てで書くのはかなりの困難を伴った。ジェンダーの視点で歴史を見たときには従来とは異なる時代区分ができるし、それによって従来の時代区分に変更を迫ることもできるはずである。

第一章　署判にみる中世の文字文化とジェンダー

はじめに

人間の社会にとって文字はきわめて重要である。それゆえ、研究対象としては、王権と文字、文字による支配、絵と文字、音声と文字、無文字社会と文字社会など、様々な角度からの幅広いアプローチが必要である。

日本は、律令制の導入以後、文字による支配が高度に発達した文字社会になっていった。中世後期に日本を訪れた海外の知識人たちは、日本の男女の識字率の高さについて、驚きをもって記録している。たとえば、十六世紀のポルトガル人宣教師ルイス・フロイスは、「われわれの間では女性が文字を書くことはあまり普及していない。日本の高貴の女性は、それを知らなければ価値が下がると考えている」[1]と述べている。また、それより百年ほど前の十五世紀半ばに、朝鮮使節として来日した申淑舟《シンスクチュ》は、「無男女、皆習其国字（国字号加多干那《カタカンナ》凡四十七字）、唯僧徒、読経書知漢字」[2]、すなわち日本では男女を問わず皆その国字であるカタカナを習うが、僧のみは読経をして漢字を知っている、と記している。申淑舟はハングルの創造にも参画したという学者であり、文字に対する関心の高さを見ることができよう。これらの言葉はしばしば引用され、日本人の男女同等な識字率の高さの証左とされてきた[3]。彼らの言葉に嘘はないだろう。しかし、これらを根拠に、日本人の男女平等な識字率の高さを謳い上げるような論調に接すると、どうも、物事はそんなに単純ではないのではないか、と思えてならないのである。

実際、中世社会においては、文字を知らない者、書けない者も大勢いた。そして、法然が「一文不通ノ愚どんの身」[4]と述べているように、文字を知る者と知らぬ者との間には格差があった。また、ジェンダーによっても識字率に違いがあった。実は、この法然の言葉は、この後に「一文不通ノ愚どんの身ニナシテ、尼入道ノ無ちノともがらニ同じテ」と続く。文字を知らない無知の輩の代表として尼が登場するところに、文字とジェンダーとの関係が示唆されている。

本章では、中世前期の日本社会における文字とジェンダーについて、平安鎌倉時代の古文書における署判を主な史料として分析を行なう。その上で、人間の文字文化と無文字文化について、思考を深めていきたいと思う。

一　自筆の価値

中世社会において、文書はきわめて重要なものであった。ある所領が自分のものであると証明するには、実際に知行をしているという事実よりも、その所領に関する譲状などの文書を持っているかどうかが重要とされた。いわゆる中世的文書主義である。山田渉によれば、「所持する文書によってのみ所領の知行、あるいは、売買・寄進・譲渡などの正当性が立証されるという法体制[5]」が存在したのである。このような社会において、文字が読める、書けるということは、きわめて重要なことであったと想像される。

中世の文書には、自筆のものと、他筆のものがあった。鎌倉時代の多くの文書に、「依雇借筆僧」「筆借之僧」「依雇執筆之僧」「筆師」などといった人物が花押を据えており、在地の僧が多く雇われて代筆を行なっていたことがわかる。

女性が代筆者になることもあった。鎌倉幕府法廷で争われたある裁判では、乳母の冷泉女に口筆してもらった文書が、本当に彼女の筆であるかどうかが問題とされている(『石田文吉氏所蔵文書』[6])。

このように代筆が広く行なわれていたが、自筆と他筆では、証拠能力に大きな違いがあった。鎌倉幕府の裁判記録である裁許状の中には、遺産の土地をめぐって後家と女子とが争い、後家の持つ譲状が亡夫の自筆であり、女子の持つ譲状が自筆でないことから、後家の勝訴となった例がある(『松浦山代文書』[7])。このように、文書が自筆か否かが論点となった裁判がいくつかあり、そうした場合、幕府は文書を取り寄せて花押の形や筆跡を比校する作業を行なっている(『市河文書』[8])。

さらに、自筆であるということが、『御成敗式目』の規定に優先することすらあった。『御成敗式目』二六条[9]には、「後判の譲状」が「先判の譲状」に優先するという規定がある。親がいったん子どもに譲与した所領を取り戻して、別の子に譲りなおす「悔返し」が行なわれた場合に、前の持主が「先判の譲状」を持ち出して自分の知行を主張すると困るので、トラブルを防ぐため、幕府は「後判の譲状」すなわち後から出された譲状を正当と定めていたのである。ところが、次に挙げる裁判の場合は違っていた。幕府の判決文によれば、事件の顚末は次のようなことである。まず、ある女性(大中臣氏)が自筆の譲状を書いて所領をその息子(高重)に譲り与え、彼はそれを自分の娘たち(犬石・毘沙石)に譲与した。ところが、今一人の娘の辰石が自分に宛てた偽の譲状を作成させ、祖母(大中臣氏)の臨終の時に女房たちを使って祖母の手を取り押さえて判を押させた。辰石が所持する譲状は、親族の男性が僧を雇って執筆させたものだった。そこで幕府は、「高重に譲り与うる状は自筆なり。辰石所帯の状は他筆なり。平生の自筆の譲状をさしおき、前後不覚の時の他筆の譲を用いられ難きか」(原漢文)という判決を出した。自筆であることを理由に、「先判の譲状」が「後判の譲状」に勝ったのである（『常陸塙不二丸氏文書』、『楓軒文書纂』[10]）。

以上に見てきたように、文書は自筆である方がはるかに証拠能力が高かった。したがって、男女を問わず、文字は書けないよりも書けた方がはるかに良かったのである。文字が書けないことは、それだけで、自分及び子孫の財産を危険にさらすことにもなりかねなかった。

『青方文書』には、面白い例がある。[11] 白魚弘高の「自筆の文書」なるものについて、「弘高もとより和漢に通ぜざるの間、自筆のこと不実なり。謀書顕然」と言われている。そもそも弘高は、和漢すなわち仮名も漢字も読み書きできないのに、その「自筆の文書」などは謀書に決まっている、というのである。やはり、文字が書けない者は不利であった。また、この文書からは、在地領主クラスの男性に読み書きのできない者があったことがわかる。

二　花押と略押

それでは次に、中世の人々の署判の形から、文字文化、リテラシーとジェンダーについて考えてみたい。署判をリテラシー研究の史料として用いることは、たとえば、リチャード・ルビンジャーがその有効性を認めて、署判から近世のリテラシーについて考察をしている。[12]

古代以来の署判の歴史を簡単にたどってみると、奈良時代には、楷書体で自署するのが正式であった。平安時代になると次第に草書体で崩して書かれるようになり、それがサイン化したものを草名と呼び、草名がさらに進んで、名前との関係が薄くなったものを花押と言う。[13]

中世における正式な判は、書判すなわち自筆による花押である。そして、複雑な花押の代わりに、筆で〇のような簡単な記号を記したものが略押である。略押は、文字（特に漢字）を書くのは困難ながら、ともかくも筆を持って何か書くことができる人が用いた判である。判には他に、古代以来の画指があり、指に墨を塗って押した拇印がある。さらに、筆の尻に墨をつけて紙に押した筆軸印（筆印）がある。ここで、これらについて、順に検討していきたい。

まず、花押と略押である。刊行された『平安遺文』[14]の中で、最も古い花押・略押は男性のもので、一〇世紀後半の九七六年（貞元元）の「縣某檜牧地充行状案」である（『東寺百合文書ツ』[15]）。花押が一般化するのは、十一世紀の前半から半ば近くなる頃である。だが、この頃はまだ、花押が草名や楷書体の署名と並行して用いられており、花押が主流になるのは十一世紀の後半である。また、花押は、当初は僧俗の官職に伴う立場で用いられることが多かったが、十一世紀後半になると、一般人が売券などに据えることが多くなる。

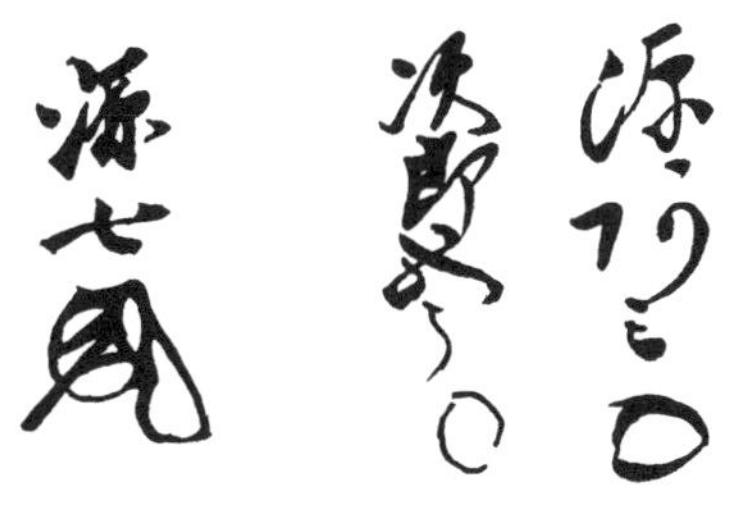

図１　花押（左）と略押（右二つ）『東寺百合文書』へ函（応永28年5月24日「拝師荘竹田方百姓等連署年貢米請文」より筆者によるトレース）

一方、略押は、男性の場合、『平安遺文』の中では、十一世紀半ば、一〇五二年（永承七）になってから見られる（『厳島神社文書』[16]）。

女性の場合も、古くは楷書体で署名していた。『平安遺文』でも、一〇世紀後半の九七八年（貞元三）、秦是子が山城国の二段一四〇歩の家地を売却した文書に、「売人　秦「是子」」とあり、「是子」のみ異筆で書かれており、自筆と思われる。この文書では、保証刀禰らの連署人も皆、それぞれ、ファーストネームのみ自筆で署名をしている（『東文書』[17]）。また、その数年後の九九七年（長徳三）の「内蔵貴子解」では、その名からしておそらく女官であろう内蔵貴子が、検非違使庁に屋と私地の券文を強奪されたと訴えているが、そこでは「内蔵「貴子」」とあり、「貴子」のみ異筆の楷書体で書かれており、自署と考えられる（『三條家本北山抄裏文書』[18]）。十一世紀に入ってからも、一〇一三年（長和二）、源厳子は地と林の相博状において、「源「厳子」」と名前のみ自署している（『東文書』[19]）。このように、女官などの職に就いていて漢字が書ける場合は、女性も漢字楷書体で署名をしたのである。しかしその一方で、女性は名を連ねていても自署がない例も目立つ。

十一世紀後半には、仮名による自署が登場する。まず、一〇七四年（延久六）に當麻三子《たいまのさんのこ》（藤原実遠の孫）が伊賀国名張郡の所領を売却した売券および請取状で、日付の下に本文と同じ字で「當麻氏」とあり、異筆にて「さんのこ」とある。自署と考えてよいであろう（『東南院文書』[20]）。また、同じような署名が、一〇九五年（嘉保二）二月九日に弓削七子が田畠六段を養子に譲った文書に見られる。日付の下に、本文と同じ筆跡で「弓削」とあり、その下に「な、つのこ」と署名があり、さらにその左に「た丶こさうのためなり」と署名と同じ筆跡で仮名書きされている。これらは、自署であると考えられる。（『股野文書』[21]）。こうした例は、男性には見られない。平仮名が普及し「女手」とされることによって、女性による平仮名を用いた自署が行なわれるようになったのである。

『平安遺文』における女性の花押・略押の初見は、一〇八四年（応徳元）十二月十日に、尼康妙が畠を紀仲子に譲った処分状において、「生母尼（略押）」として、裏に「康妙」と記されているものである（『法隆寺文書』[22]）。これを、『平安遺文』編者は花押ではなく略押と判断している。時期的には、十一世紀後半で、男性の花押が官職に伴う署判以外にも、一般に広く普及した時期に当たる。

略押とは、花押よりももっと簡単な、署名の下に筆でくるりと小さく○を書いたり、あるいは×やS字型を書いたようなものである（図1）。略押は、文字の書けない人が、花押の代わりとしたものである。花押と言っても庶民の場合は、かなり簡略なものが多く、少しでも文字を知っていれば書くことができたと思われる。ゆえに、略押を書いている者は、曲がりなりにも筆を持つことはできるものの、「一文不通の輩」であった可能性が高い。

女性の花押の初見は、一〇九八年（承徳二）二月九日の「上道某田地売券」（『東大寺文書』㉓）である。内容は、田二段を、黒丸之母ならびに姉女紀氏等が同意して売却するというもので、「売人上道（花押）」「紀（花押）」と連署されている。詳細は不明だが、黒丸という男子の母と姉が同意のもとに田を売却したということなので、上道というのは母、紀は姉と考えてよいであろう。ここで、二人は花押を書いているのである。これ以後、売券などにおいて、女性が花押を据えることが一般的になっていった。時期的には、男性の花押が官職とは関わりのない一般人に広く普及した時期よりも、十年ほど遅れた時期である。

次に、『鎌倉遺文』㉔から、鎌倉時代の古文書に見られる花押と略押について、その社会における割合、ジェンダー、身分階級による違いを調べてみた。花押か略押か判断の難しいものも多々あるが、ここでは『遺文』編者の判断を尊重することにしたい。

まず、『鎌倉遺文』に収録された全ての文書の中で、花押・略押を含め、判を据えている者は、圧倒的に男性が多い。公の官職や、家政機関の職事などの役職、寺院組織に至るまで、役職に就いて判を加える者がほぼ男性に限られていたためである。女性が判を加えるのは、譲状や売券、寄進状など財産に関する文書や、個人的な書状や願文に限られているが、こうした種類の文書でも、寺家を含めて圧倒的に男性が多いのである。試みに、男性の文書のうちから女性の就けない役職に基づくものを除外し、譲状、置文、売券、寄進状、願文、起請文、書状などを取り出し、その判の数を女性のそれと比較してみた。すると、男性の判が全体のおよそ八三%であり、女性の判はわずかに全体の約十七%という低い割合であった。すなわち、文書に表れる社会関係が、男性によって担われるものであったことがわかる。しかも、鎌倉時代前半には約二〇%に達していた女性の判が、十三世紀半ばになるとわずかずつ減少し、後半は十五%を下回ってしまう。その変化はわずかずつであるが、目に見えてくるのは弘安年間（一二七八―八八）ごろで、モンゴル戦争によって中世社会が地殻変動を起こしていく時期に当たっている。この時期に、女性の財産権が次第に狭められていったことは、これまでの研究で明らかにされており、本書第八章で論じる通りである[25]。

そのような限界はあるものの、男性女性それぞれの中で、花押と略押の割合を見てみると、次のようになる。

鎌倉時代全体で、男性の譲状・売券などの判に占める略押の割合は、およそ十五%である。逆に言えば、およそ八五%の男性が花押を用いているのである。一方、女性の文書における略押の割合は、鎌倉時代全体で、およそ三〇%である。逆に、およそ七〇%の女性が花押を用いているのである。そして、女性の場合は、時期によって増減が見られ、略押は十三世紀半ばに減少する（『鎌倉遺文』で言うと一〇巻から急に減少する）。十三世紀の半ばまでは、女性の判のおよそ四〇%を占めていた略押が、十三世紀半ば以降、およそ二六%に減少する。逆に言えば、花押を書く女性が、鎌倉時代の初めには約六〇%であったのが、十三世紀半ば以降、約七四%に増加したのである。女性の識字率が高まったことが想定されよう。

ここで、仮に、花押を書く者を識字者、略押を書く者が非識字者と単純に考えて[26]、鎌倉時代の初めにおける男性の識字率は八五%、女性の識字率は六〇%であり、後半になると女性も七四%にまで増加する、と言いたいところである。だが、それは残念ながらできない。なぜならば、まず、この数値は、全人口を対象とするものではなく、たとえ零細であっても所領や財産を持ち、譲与や売買を行なって署判を加えた人々（女性はそのうちの十七%）だけを対象としたものに過ぎない。それゆえ、花押と略押の割合を見ても、日本列島上の全人口の識字率を数値で割り出すことはできないわけである。以上の考察は、日本の中世社会の識字率を他の社会と比較する手がかりに留めたい。

それでは、略押を据えているのはどのような人々であろうか。

まず、略押を据える者は、男女を問わず、一段以下の零細な土地を売買・寄進・譲与する者が多い。男性の場合、名前に「丸」がつく者が目立ち、子どもや、童の扱いを受ける下層身分の民衆に略押を据える者の多いことがわかる。対象となっている土地は、田もあるが、畠、芋畠、野畠、さらには荒野、巷所といった地も多い。中には、質入れや質流れ、出挙に関する文書もあり、経済的に困窮している場合も散見される。

村落の「百姓等」「住人等」が連署した文書には、略押がずらりと並ぶ場合が多い[27]。村落においては、作人層はまず略押であり、名主・沙汰人などの中には花押の者もあり、公文、荘官、預所、追捕使になると花押が多いようである。中にはずらりと署判が並ぶ中で、花押を書くグループの後に、略押を書くグループが並び、「殿」のつく者たちが花押を書いている例もあり[28]、リテラシーの階層性を伺わせる。それは、寺院においても同様で、同じ僧侶でありながら、階層によって花押と略押を明確に使い分けている例がある。

たとえば、備前国弘法寺の衆徒らは、寺領内で農業を営んでいた観蓮房を一味同心して放逐することにし、総勢五四名の僧侶が名を連ねた。署判は二つのグループに分けられ、まず、最初に並んだ二四名の僧は、判のない一名を除き全員が花押である。ここには阿闍梨、院主もいる。その後から「久住者」として並んだ三〇名の僧は、三名が花押で、他の二七名は全て略押である。つまり、「寺中老少上下一味同心」のメンバーは花押グループと略押グループの二つの階層に明確に分けられていた（『備前弘法寺文書[29]』）。

以上に見てきたように、花押と略押の差異、すなわち識字者と非識字者との差異は、年齢・身分・階級・ジェンダーに関係していた。ただし、そこには、「身分の低い者は略押でなければならない」「女は略押であるべきだ」「女は文字を書けなくてよい（書けない方がよい）」というような具体的で明文化された規範は存在しない。一つの家族の中で、花押の者と略押の者が交ざる場合も多いが、家族の中で、男が花押で女が略押というように、明確に分けられることはない。あくまでも個人の年齢と能力、意思によって、花押か略押かが選択されていたのである。

三　画　指

花押と略押よりも、より鮮明にジェンダーの問題が浮かび上がってくるものがある。それは、画指《かくし》である。画指は、令において、文字を書けない者が用いる判と規定されていた。

伊木寿一『古文書学』[30]の説明を借りれば、画指とは「他人に自分の姓名を書いてもらい、その横側か多少下の方などに普通左の食指の長さと関節の間隔とを描いたもので、線のある場合と距離点ばかりの場合とがある」というものである（図2）。伊木は、『正倉院文書』から、山辺公魚麻呂《やまべのきみうおまろ》（宝亀四年《（七七三）》四月七日「山辺千足月借銭解」）、田主敢臣安万呂《たぬしのあえのおみやすまろ》（天平勝宝元年《（七四九）》十一月二一日「伊賀国阿拝《あへ》郡柘植《つげ》郷田券」）、また佐真月土師石国《さまづきのはにしいわくに》ら四名（天平宝字六年《（七六二）》八月九日）の画指を挙げている。また、令における妻を離縁する場合の規定に、「もし書を解《し》らずんば、指を画いて記と為《な》せよ」（『令義解』巻二「戸令」）とあるのに注目し、画指の例として紹介している。そして、画指の起源が中国にあり、唐代の太暦・建中ごろ（八世紀後半）に実例があることを指摘している。

伊木によって紹介された奈良時代の例は、全て男性の画指であるが、『東南院文書』には女性のものも存在する。七四七年（天平十九）、息長真人真野売《おきながのまひとまのめ》が二人の婢を東大寺に売り、その立券を郡に申請して認められた文書に、右手指の画指を据えている[31]。

このように、奈良時代においては、画指は男女を問わず用いられていて、

図2　画指（『根岸文書』嘉祥2年11月21日「秦忌寸鯛女解」より、筆者によるトレース）

むしろ男性の方が用例が多かったのである。

ところが、平安時代に入ると、男の画指はほとんど消えて、画指は女のものとされるようになる(32)。そこには、奈良時代から平安時代前期にかけてのジェンダーの変化があると考えられる。

『平安遺文』所収の文書で、画指が見られるものを次頁の表1にまとめてみた。古い時代のことゆえ、文書の残存状況・地域などに偏りがあるように思われるが、時期的には、ほぼ九世紀に集中しており、一〇世紀半ばにはほとんど使用されなくなる。ところが、すでに中世的世界となった十二世紀後半において、平姉子《たいらのあねのこ》が使用した例がある。男性の使用例は、ただ一つだけである。平安前期には花押はまだ存在せず、文字の書ける人間はみな楷書で署名をしていた。女性の中にも自署をする人もあったが少数であり、男性の自署が並ぶ中、女性の多くは画指を用いていた。

奈良時代に男女を問わず用いられた古代的・身体的な画指が、平安時代に入ると女性のものとされたのは何故であろうか。それは、平安時代の文字文化とジェンダーに関わる大きな問題である。

その画指がほとんど見られなくなる一〇世紀半ばは、仮名の普及の時期と重なる。署名の方も、草書体による署名（草名）が花押を生み、楷書体の署名は消えていき、十一世紀には花押が一般的となる。そして、十一世紀半ばには、略押が登場する。こうした過程で、画指はほとんど使われなくなっていった。

だが、十二世紀後半の平姉子の例が示すように、院政期になっても、画指はまだ完全に消滅したわけではなかったのである。『鎌倉遺文』の中にも、画指を用いた文書が二通、残されている。

まず一一八七（文治三）年に尼妙恵が田を念仏寺一切経蔵に寄進した文書では、尼妙恵の名の横に画指がある（『摂津開口神社文書(33)』）。

また、一二〇二（建仁二）年の佐伯四郎丸が水田と畠を売却した文書では、佐伯四郎丸が略押を据えた隣に、連署

表1　平安時代の画指

文書番号	年	画指をした人物	文書名	出　典	平安遺文（巻）
33	弘仁2(811)	秦公比留売	近江国大国郷長解	東大寺文書	1巻
44	弘仁9(818)	調首家主女 調首乙虫女	近江国大国郷墾田売券	東大寺文書	1巻 1巻
47	弘仁11(820)	秦富吉女	近江国蚊野郷墾田売券	根岸文書	1巻
53	天長9(832)	建部真持(女性)	近江国大原郷長解写	正親町伯爵家旧蔵文書	1巻
87	承和14(847)	秦真大刀自女	近江国八木郷墾田売券案	金比羅宮文書	1巻
90	嘉承2(849)	秦忌寸縄子 辛国虫名女	山城国高田郷長解	根岸文書	1巻 1巻
92	嘉承2(849)	秦忌寸鯛女	山城国高田郷長解	柏木氏所蔵文書	1巻
93	嘉承2(849)	秦忌寸鯛女	秦忌寸鯛女家地立券文	根岸文書	1巻
100	嘉承4(851)	葛野飯刀自女 葛野真咋女	山城国高田郷長解	根岸文書	1巻 1巻
117	仁寿4(854)	秦忌寸真工女	近江国大国郷墾田売券	吉田文書	1巻
123	天安元(857)	秦公酒富刀自女	近江国養父郷墾田売券	金比羅宮文書	1巻
147	貞観7(865)	秦公真乙前女	僧高徳墾田売券	東大寺文書	1巻
182	寛平8(896)	大宅夏吉(郷長)	某郷長解写	正親町伯爵旧蔵文書	1巻
187	延喜2(902)	秦又子	近江国依知秦又子施入状	東南院文書	1巻
267	天暦8(954)	秦阿禰子	秦阿禰子解	関戸守彦氏所蔵文書	1巻
268	天暦8(954)	秦阿禰固	秦阿禰子家地売券	関戸守彦氏所蔵文書	1巻
2749	仁平2(1152)	平姉子	平姉子田地売券	高野山文書続宝簡集	6巻

（『平安遺文』より作成）

人の「同姉子」が画指を書いている（『百巻本東大寺文書』(34)）。これは、画指は画指でも、ただの画指ではない。リアルに指の形を線でなぞった独特な画指であり、『大日本古文書』(35)に写真が添付されている。これは、佐伯姉子という中世に生きた一人の女性の指が、リアルに形取られて残っている稀有な人体の遺産である。そして、この一二〇二年を最後に、画指は永く姿を消す。

　これら、鎌倉初期に生きていた尼妙恵及び佐伯姉子は、なにゆえに廃れて久しい画指などという独特な記号を用いたのか。彼女らが非識字者であったとしても、略押ぐらいは書くことができたのではないだろうか。現に佐伯姉子の隣で佐伯四郎丸は、略押を書いている。おそらく、彼女たちは自らの意思で選んで画指を用いたのであろう。実際、本人特定という点においては、画指は誰でも書ける略押よりもはるかに有効であったかもしれない（成長中の子どもには向かないと思われるが）。

おそらくは字を書けなかった妙恵や姉子は、丸印を描いてサインとするような不安定な略押ではなく、より具体的な手＝自分の身体そのものに基づく画指を自らの意思で選択したのではないだろうか。人間の身体を物差しに用いるというのは、古代エジプトのキュービットや英語の foot のように、諸文明に見られるきわめて古い思考である。佐伯姉子が、一般的な画指ではなく、自分の指そのものの形を紙面に記したのは、その表れであろう。

図３　佐伯姉子の画指
（筆者によるトレース）

四　拇印

画指と同様に指を用いた判に拇印があり、平安末から鎌倉前期にかけて、少数ながら女性が用いた例が見られる。平安時代の事例では、一一二六年（大治元）、八〇余歳になった紀姉子は、畠一段をめぐるトラブルのため、紛失状を作成し、拇印を据えている（『高野辰之氏所蔵文書』[36]）。また、一一四七年（久安三）、藤原仲子は先祖相伝の田を売却し、拇印を据えている。そこには連署人として、嫡男、二男、三男、相知の大法師がそれぞれ花押を据えており、仲子のみが日下に拇印を据えている（『股野文書』[37]）。さらに、一一七二年（承安二）、尼蓮妙は家地・田畠を養子に譲り、拇印を据えている。連署人の大法師は花押である。ここで蓮妙の拇印は、『鎌倉遺文』が「指三本印」と表記しているように、人差し指・中指・薬指の三本に墨をつけて名前の下に押したものである（『百巻本東大寺文書』[38]）。

鎌倉時代になると、一二一四年（建保二）、尼妙阿弥陀仏が法隆寺に一段の田を寄進し、拇印を据えている（『法隆寺文書』[39]）。一二五四年（建長六）、九郎殿という女性が家地を売却した売券に略押を据えているが、連署人として橘末光は花押、そして勢至殿が拇印を据えている（『百巻本東大寺文書』[40]）。勢至殿は女性と判断してよい。これはかなり遅い例である。

拇印は現代でも存在し、江戸時代には「爪印」が用いられた。しかし、平安鎌倉時代の文書における拇印は、この一二五四年が最後である。拇印の消滅時期は画指よりやや遅れるが、やはり十三世紀半ばには見られなくなる。これは、前節で見た、女性の花押の割合が増える時期とほぼ重なっている。

五　筆軸印の登場

十三世紀半ばに、女性の画指や拇印と入れ替わるように新たに登場してくるのが、筆軸印（筆印）というものであり、筆軸の尻に墨をつけて丸い形を押したものである。

筆軸印の初見は、一二三八年（嘉禎四）、巨勢仲子の置文に連署人の「不知姓三郎」が筆軸印を据えた例である。ここで、巨勢仲子は略押、他の連署人は花押（僧）と略押（女性）が一人ずつである（『内閣文庫所蔵大和国古文書』[41]）。この「不知姓三郎」という名からは、身分の低い男性が想像される。

これ以来、筆軸印が散見されるようになるが、当初、筆軸印は全て男性のものであった。女性の筆軸印の初見は、一二七一年（文永八）の「丹治安房田地売券」（『百巻本東大寺文書』[42]）で、丹治安房が田を売却し、嫡男以下、子どもたちや家族と思われる人々が九人で判を加えたものである[43]。ここで、初めて女性の筆軸印が登場したのである。

以後、筆軸印を押す女性は増加し、男性と同程度になる。面白いのは後家藤井氏女という女性で、子息への処分状に「〇〇〇」と筆軸印を三つ縦に並べて押している（『丹波中江西八郎氏所蔵文書』(44)）。没個性的な筆軸印に特徴を持たせようとしたのであろうか。

筆軸印は、男女ともに十三世紀後半に集中して用いられた。『鎌倉遺文』中、男性の筆軸印の見られる文書が二〇通、女性の筆軸印の見られる文書が十一通ある。そして、女性の筆軸印は、一二九六年（永仁四）の比丘尼善阿弥陀仏のものを最後に姿を消す（『近江長命寺文書』(45)）。男性の筆軸印も多くは十三世紀後半に集中しているが、少し離れて十四世紀に入り、一三一九年（元応元）の、大勢の人々が連署した義絶起請文の中で、一人が押しているのを最後に姿を消す（『東大寺文書』(46)）。ただし、古文書学の教えるところによれば、「江戸の半ば前ごろまで」行なわれていたということなので(47)、一旦廃れた後にまた復活を見るのであろう。

筆軸印は、十三世紀前半に男性によって始められ、少し遅れて女性にも広まり、十三世紀後半には男女ともに流行を見た。しかし、その時期は短く、十四世紀初頭には見られなくなった。きわめて短期に集中しているのである。

六　考察その一――署判の推移が意味すること――

以上の調査をもとに、署判の推移をジェンダー別にまとめると、表2・表3のようになる。

日本における文字社会は、律令制の導入とともに本格的に始まった。律令制は、多くのポストを男性に担わせるシステムであったので、文字の使用にはジェンダーによる格差が形成されていった。関口裕子の考察によれば、律令制を導入しつつも、社会全体に性差が少なかった八世紀には署名の男女差は認められず、九世紀になると「漢字の書き手は原則として男であるという社会意識」、すなわちジェンダー規範が出来上がってくるので、女性の署名の中には

表2　史料に残存する女性の署判

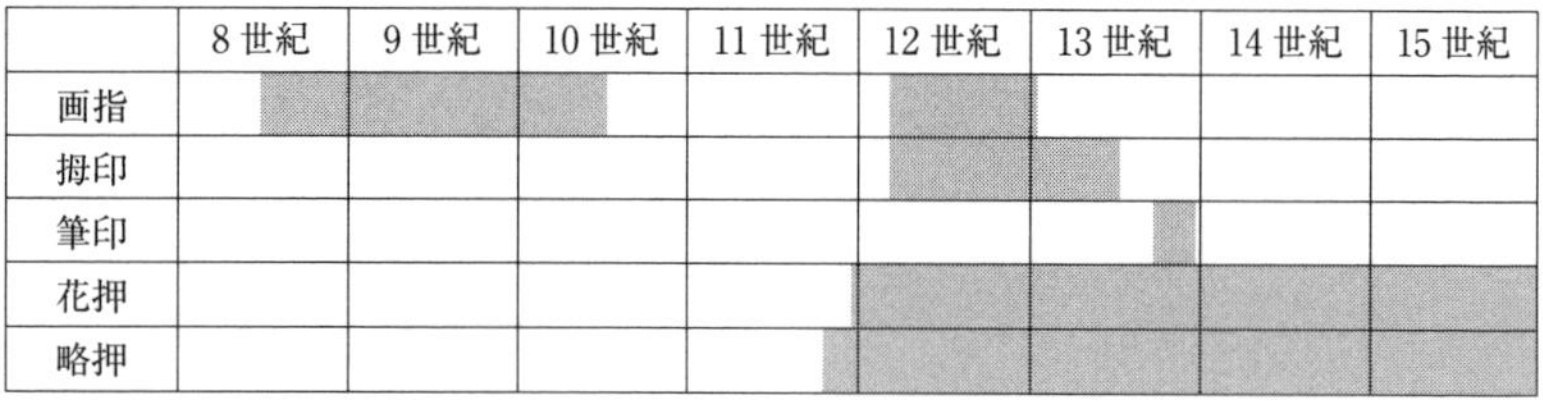

表3　史料に残存する男性の署判

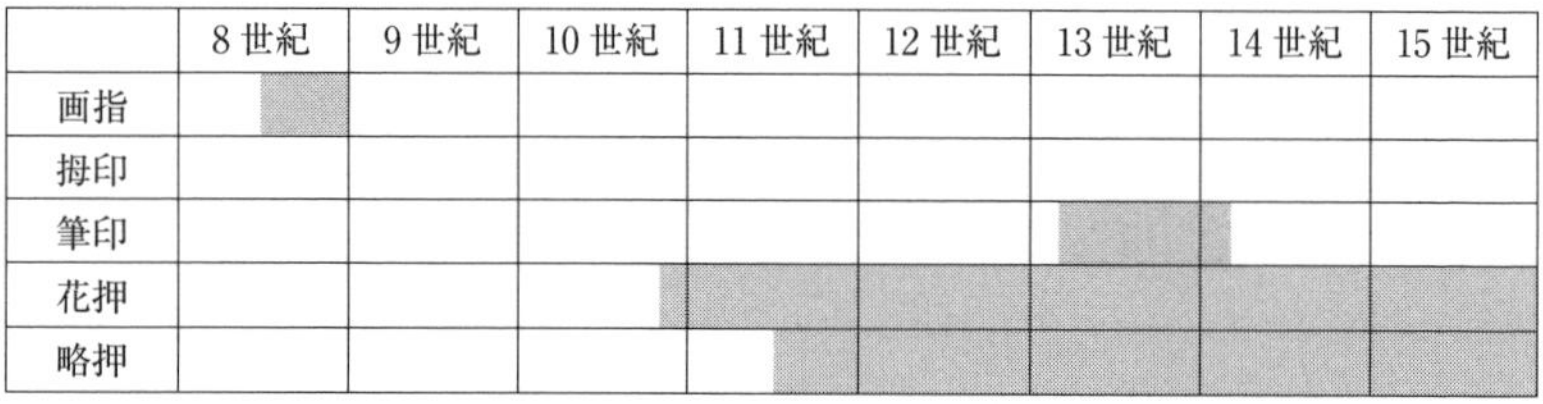

一部に他署が見られ、また画指は女性のものとされる。[48]これが、仮名発明以前の状況である。

中世における署名の主流は性別に関わらず花押で、それが書けない者は略押を書いた。ただし、女性の署判そのものは男性に比べて少ないのであり、証書を作成して判を加えるといった社会的行為が多く男性によって行われていたことがわかる。特に、モンゴル戦争以後の女性の財産権の後退は、女性の署判の割合を減退させた。

一方、略押、画指、拇印、筆軸印という、文字を書くことができない人々のための判の在り方には、ジェンダーによる差異がよりはっきりと表れている。次に、その意味を考えてみたい。

略押は、花押を書けない者が用いた簡略な形で、男性も用いるが、女性の割合が高かった。十三世紀半ばまで、略押は、女性の署判のおよそ四十パーセントを占めていたが、十三世紀半ば以降、約二十六パーセントに減少する。

奈良時代に男女ともに用いていた画指は、平安時代に入り、九世紀以降、明確に「女性のもの」となった。画指は九世紀に集中して用いられ、一〇世紀半ば以降はほとんど見られなくなる。このことは、平仮名の発明と関係があるだろう。「女の文字」が発明されたことによって、女性は再び筆を持って自署すべきだと考えられるようになった。だが、それでこの古代的・身体的な画指が無くなったわけではなかった。十二世紀後半から十三世紀初頭まで、すなわち平安末から鎌倉時代初期に、女性の画指が一部に復活を見た。それはいったい何故か。たとえ読み書きが出来なかったにせよ、何故彼女たちは、略押ではなく、廃れて久しい画指などを用いたのであろうか。

さらに、拇印もまた「女性のもの」であった。拇印も、十二世紀前半から十三世紀半ばまで見られた。画指の復活と、拇印の使用は、若干のずれはあるものの、その時期が重なっている。

一方、筆軸印は、男性主導であった。初見は、十三世紀前半に身分の低い男性が用いた例であり、少し遅れて十三世紀後半になってから女性が用いた例が見られるようになる。つまり、女性の場合、画指、拇印の消滅、略押の減少と、筆軸印の使用開始は、十三世紀半ばをはさんで起きた出来事なのである。そして、十三世紀に集中して見られた筆軸印であったが、女性の筆軸印は十三世紀末に、男性の筆軸印は十四世紀初頭に入って姿を消す。以上を整理すると、十三世紀半ばを境に、女性の署判の大きな変わり目が来ることがわかる。

では、その後の女性の署判はどうなるのだろうか。残るは、花押である。

実は、十三世紀後半には、女性が署判を押した文書自体が減少していく。これは、社会における女性の財産相続の縮小傾向によるものである。

しかし、この時期において、女性の署判に占める割合が大きくなっていくのが、花押なのである。それは、女性が画指や拇印といった古代的・身体的なところから脱し、花押を書くべきだという意識が高まったことを意味していよう。この現象を、単純に女性の識字率の向上と捉えることは慎重にしたいが、しかし、ここで女性も、文字社会の正規の成員として位置づけられたことは確かであり、そのことは間違いなく識字率の向上につながっていくことと思う。

七　考察その二――無文字文化と文字文化――

文書に刻まれた身体である画指・拇印について、もう少し考えを深めたい。鎌倉時代に入っても画指を使用する女性があり、『鎌倉遺文』に見られる最後の画指、一二〇二年に佐伯姉子が描いた画指は、彼女のリアルな指の形を写したものだった。(49)

拇印もまた、中世人の身体がそのまま紙面に刻みつけられた生々しいものであるが、特に、尼蓮妙が人差し指・中指・薬指の「指三本印」を押したもの(50)は、手のひら全体に墨を塗って文書の上に押す手印に近づいている。

手印とは、手のひらに墨または朱を塗って、文書の文面の上から、手形を押したものである。佐藤進一は、手印について「強烈な信念の吐露をあらわすとされるが、強い意志または願望（制規の遵守に対する）の表白とみることもできる」と述べている。(51)手印は多く起請文に用いられた。(52)

手印が押された例としては、一一〇二年（康和四）六月二十四日「尼序妙所領譲状」（股野琢氏所蔵文書(53)）が挙げられる。これは、文書の文面の上から、尼序妙の手印が押された文書だが、彼女には、いろいろと込み入った事情があった。彼女は、東大寺の僧を養子として所領を譲ったが、この僧は所領の文書を取ると、老後の尼を追い出してしまった。尼序妙は、流浪の身となって耐え難いので、親類の僧行延なる人物を頼り、東大寺に訴えたところ、所領は安堵され、尼序妙は、行延の妻安倍姉子なる人物にこの所領を永く譲り渡した。尼序妙は、花押を据えたこの譲状の文字の上から、自らの手印を押したのである。

それにしても、「手」を押す意味は、那辺にあるのか。身体の一部である「手」とはそもそも何を意味するのか。大喜直彦は、自筆がしばしば「手」「手跡」と呼ばれている事実に注目し、「手」はその人自身の人格を表すという中世的観念があり、自筆とは本人自身を文字として紙面に宿すことに他ならず、それゆえに最高の証拠力を持つとみなされた、と述べている(54)。文字自体が、書き手の人格を表すと考えられたのである。

手印とは、そうして書かれた文字＝「手」の上に、さらに直接的に「手」の形を押したものであり、さらなる強烈な意志を刻むことになったと思われる。

この考察を署判の問題に当てはめてみると、自筆で自分の名前を記す花押は、その人の「手」＝人格を表すものであったと言える。だがそれ以上に、拇印や画指は、直接的な「手」そのものの形を文書の上に記すものである。画指は花押以上に、直接的で身体的である。自らの指の形をなぞった佐伯姉子は、「字が書けないから仕方なく画指を選んだ」という消極的選択ではなく、画指そのものに意味を見出していたと思われる。拇印は画指以上に身体そのものの痕跡である。

拇印が手（身体）そのものの痕跡であり、画指が手（身体）そのものの形であり、花押は手跡であり、略押はその簡略形であるとすれば、残る筆軸印からは、どのような意味が読み取れるであろうか。

筆の尻に墨をつけて押した筆軸印からは、それを押した人の手（身体）を感知することができない。このような誰でも代りに押すことができる印に、果たして証拠能力があるのかさえ疑問である。

ここで、「筆」の意味について考えたい。「筆」とは、文字社会におけるリテラシー能力を象徴的に表すものである。文書が他筆である場合、代筆した者は、「依雇借《かす》筆僧」「筆借《かし》之僧」「筆師」などと称している。代筆することは、「筆を借《か》すこと」であり、代筆者は「筆師」と観念された。「筆」とは、貸すことのできるリテラシー能力、文字を読み書きする技術であり、「手」のような身体性や人格を欠き、本人の思いや信念を籠めるものではない。

そうであれば、筆軸印とは、文字社会の浸透の中で、花押が書けない者、すなわち文字社会の不完全な成員が、ともかくも筆を持って、反対側に墨を塗って押した印であると言える。それは、まず文字を書けない男性によって用いられ、女性にも広まったが、ほぼ十三世紀でその役割を終えた。筆軸印が用いられた十三世紀は、文字社会が広い階層に浸透していく時期であった。

鎌倉時代には、古代的、身体的、無文字文化的な「手」と、文字社会における読み書き技術を示す「筆」が葛藤し、そして次第に、拇印も画指も筆軸印も止揚されて、「手」を内包した「筆」である花押へと収斂されていくのである。

おわりに

リテラシーという視点で研究を進めるとき、文字文化に先行する無文字文化というものは、見落とされるか、下位に置かれがちである。本稿は、出来る限り、無文字文化の伝統を視野に入れながら、考察を進めてきた。

川田順造らの研究[55]に見られるように、世界には無文字社会が少なからず存在していた。日本もかつては無文字社会であり、文字社会に移行してからも、読み書きのできない人々が存在していた。現代の人間が忘れがちなことであるが、無文字社会には文字社会にはない思考・文化が存在する。W―J・オングは、無文字社会を「ことばがもっぱら声として機能している社会（口承社会）」と定義し、そこには、「文字の文化」とは異なる「声の文化」が存在するとした[56]。そして、「声の文化」に生きる人々の思考が、文字を知る人とどのように異なっているかを考察した。オングの説を念頭に、日本の古典を見るならば、『説経節』のテクストにおいて繰り返される「あらいたはしや」には「声の文化」の特質を見ることができるし、『枕草子』でリスト作成に興じる清少納言は、間違いなく文字社会の人だと思われる。声とは、身体から直接、発せられるものである。

律令制は、日本の文字社会化を急速に推し進めようとした。律令制はまた、男性を役人として登用するシステムであったので、文字文化の担い手もまずは男性として設定された。かくして、文字が男のものとされると同時に、「声の文化」（身体性を含む非文字の文化）の伝統が女性に負わせられることになった。一〇世紀半ばに登場した表音文字の仮名が「女手」としてジェンダー化された事情は、一つには、女性が公的文字である漢字文化から排除され、非公式な仮名文字を割り当てられたということがあり、今一つは、音声の文字である仮名を、「声の文化」の担い手である女性のものとした、ということがあろう。

無文字社会に淵源を持つ「声の文化」の伝統は、文字社会が発達した中世になっても消滅することはなく、女性が「声の文化」の担い手である状況も変わらなかった[57]。たとえば、中世の言説において、「児女子が口遊《くゆう》」（『愚管抄』）とか、「女などのたとへに、身をつみて人のいたさを知ると申」（『北条重時家訓』）など、民間の諺や人生訓は、女性のものと観念されていたのである。

十三世紀後半には、女性の画指と拇印の終焉、男性主導による筆軸印の使用開始と終焉を経て、男女ともに花押を書く社会が到来する。女性も文字社会の正式な成員として位置づけられたのである。一二三二年の御成敗式目の制定以後、中世的文書主義がさらに普及定着し、文字社会が社会のすみずみまで行きわたって行ったためであろう。漢字と仮名は、すでに混淆が進み、新たな文体を創りだしていた。中世後期に申淑舟やルイス・フロイスが指摘したような日本の女性の識字率の高さは、この流れの上に在る。

ところが、江戸時代に入ると、花押が廃れて印鑑中心の社会になる。[58] それは現在まで継続しているのであるが、「花押の中世」から「印鑑の近世」への、社会全体の大きな変化は、何を意味するのであろうか。それは本稿の範囲を超える問題であるが、本人にしか書けない花押から、他人でも管理できる印鑑への変化には、近世の家の性格が関わっていると思う。

現代の世界は、高度に発達した文字社会であり、もはや無文字文化では生きられず、読み書き能力の欠如は、貧困と不平等に直結するようになった。国連は「全ての人に識字を」と呼びかけ、二〇〇三年から二〇一二年まで「国連識字の一〇年」を実施したが、その開始段階で、世界の八億六千万人の成人、すなわち成人の五人に一人は読み書きができず、そのうちの三分の二は女性であった。その後、状況は改善されつつあるが、未だに学校教育に参加できない女子が多いばかりか、新たに女子教育を否定しようとする勢力すら台頭してきた。女性の教育の欠如は女性の貧困につながり、女性の貧困は社会全体の貧困に直結し、貧困は世界に憎しみと混乱と暴力をもたらす。二〇一二年、十五歳の少女マララ・ユスフザイは、女子教育を否定する武装勢力によって頭を撃たれ、重傷を負った。一命を取り留めたマララ・ユスフザイは、二〇一三年、国連総会にてスピーチをした。

「一人の子ども。一人の教師。一冊の本。一本のペン。それさえあれば、わたしたちはことばをつかうことができるようになり、声をあげて、世界をよりよいものにしていくことができるのです。[59]」

翻って日本社会を省みるに、二〇一五年のＧＧＩ（世界経済フォーラムによる男女格差指数、Gender Gap Index 2015）によれば、識字率は男女ともに九九パーセント、中等教育就学率は女子一〇〇パーセント・男子九九パーセントと、男女平等度は世界一を記録している。ところが、高等教育就学率になると途端に機会均等度が低くなり、男子六五パーセントに対して女子五八パーセントで、男女平等度は一四五ヵ国中一一六位である。[60] このデータは、識字率の高さを指摘されながら、学術研究や政治からの排除が進んだ中世後期から近世の女性を想起させるもので、そうした社会の体質が現在まで継続されているような気がしてならない。だが、それはもう、世界と共に変わるべき時に来ている。

註

(1) ルイス・フロイス著・岡田章雄訳注『ヨーロッパ文化と日本文化』岩波文庫、一九九一年。この部分は、女性史の書ではしばしば引用されている。たとえば、総合女性史研究会編『日本女性の歴史―文化と思想』角川選書、一九九三年、八九頁（西村汎子執筆部分）など。

(2) 申淑舟著、田中健夫訳注『海東諸国記―朝鮮人の見た中世の日本と琉球―』岩波文庫、一九九一年。申淑舟・姜沆著・李乙浩譯『海東諸国記・看羊録』〈韓国名著大全集〉、大洋書籍（ソウル）、一九七三年。

(3) たとえば、菅原正子「中世日本人のリテラシー」（『日本中世の学問と教育』同成社、二〇一四年）は、中世末期のリテラシーと教育について考察する中で、フロイスの言葉を引き、「当時の多くの日本人は男性も女性も読み書きができ」た（十四頁）と結論づけている。

(4) 「源空法然房起請文」建暦二年正月二三日『金戒光明寺文書』、『鎌倉遺文』一九一一号。

(5) 山田渉「中世的土地所有と中世的所有権」『歴史学研究別冊　特集　東アジア世界の再編と民衆意識』、一九八三年。中世的文書主義については、桜井英治「中世的文書主義」（佐藤和彦他編『日本中世史研究事典』東京堂出版、一九九五年）を参照。

(6) 宝治三年正月十日『石田文吉氏所蔵文書』、瀬野精一郎編『鎌倉幕府裁許状集』上、関東裁許状、補九号。

(7) 嘉禎四年十月二七日『松浦山代文書』、『鎌倉幕府裁許状集』下、六波羅裁許状八号。

(8) 文永二年閏四月十八日『市河文書』、『鎌倉幕府裁許状集』上、関東裁許状一一四号。

(9) 佐藤進一・池内義資編『中世法制史料集』一、岩波書店、一九五五年。

(10)「関東下知状」弘長三年三月十三日『常陸塙不二丸氏文書』、『鎌倉遺文』八九三九号。および『楓軒文書纂』三七、『鎌倉幕府裁許状集』上、補一五号。同様の問題は『黒水文書』(「鎮西裁許状」九九号)にも記されている。
(11)『青方文書』年欠、『鎌倉幕府裁許状集』下、鎮西裁許状 二二〇号。
(12) リチャード・ルビンジャー著・川村肇訳「署名・符牒・印鑑——江戸初期」『日本人のリテラシー1600——1900年』柏書房、二〇〇八年。これによると、十七世紀半ばから、日本社会では書判に代わって印鑑が主流となる。
(13) 日本歴史学会編『概説古文書学 古代・中世編』吉川弘文館、一九八三年、十五頁。
(14) 竹内理三編『平安遺文』東京堂出版。
(15)「縣某檜牧地充行状案」貞元三年三月一日『東寺百合文書ツ』、『平安遺文』三一一号。ただし、東京大学史料編纂所「平安遺文フルテキストデータベース」によると、『平安遺文』未収録の八二九年(天長六)二月十日の『大覚寺文書』に、在地刀禰らが連名で署判を加えている中に花押、略押の両方が見られるようだが、これは残存する史料の中では一つだけ飛びぬけて早い例である。
(16)「田口代武田畠売券」永承七年三月二十日『厳島神社文書』、『平安遺文』六九四号。
(17)「山城国山田郷長解」貞元三年十一月十三日『東文書』、『平安遺文』三一三号。
(18)「内蔵貴子解」長徳三年五月二〇日『三條家本北山抄裏文書』、『平安遺文』三七一号。
(19)「源厳子地林相博券文」長和二年六月二二日『東文書』、『平安遺文』四七〇号。
(20)「當麻三子所領売券」延久六年七月六日『東南院文書』五—十八、『平安遺文』一〇九八号。「當麻三子所領直米請取状」延久六年七月六日『東南院文書』五—十八、『平安遺文』一〇九九号。『大日本古文書』『東南院文書』三。
(21)「弓削七子田畠処分状」嘉保二年二月九日『般野文書』、『平安遺文』一三三九号。
(22)「大和国尼康妙処分状」応徳元年十二月十日『法隆寺文書』九、『平安遺文』一二二五号。
(23)「上道某田地売券」承徳二年二月九日『東大寺文書』四—四十六、『平安遺文』一四〇一号。
(24) 竹内理三編『鎌倉遺文』東京堂出版。
(25) 女性の財産権については、岡田章雄「中世武家社会における女性の経済的地位」(『歴史地理』六〇—三・四、一九三二年)

以来、多くの研究があり、十三世紀後半における女子一期分の増加などが指摘されている。
(26) ただし、代筆の僧が略押を据えていたり、村落で階層にかかわらず全員が略押の場合もあるので、一概には言えない。あくまでも目安である。
(27) たとえば、「播磨大部荘下方百姓起請文」(『狩野亨吉氏蒐集文書』十八、正安元年七月日、『鎌倉遺文』二〇一八一号)など多くの例がある。
(28) たとえば、「紀伊柏原御堂結衆田券紛失状」『紀伊西光寺文書』正応六年八月十五日、『鎌倉遺文』一八三〇四号。
(29) 「備前弘法寺衆徒契状」文永元年九月三〇日『備前弘法寺文書』、『鎌倉遺文』九一六二号。
(30) 伊木寿一『古文書学』、慶應通信、一九五四年。
(31) 「東大寺奴婢帳」天平十九年十二月二二日『東南院文書』、竹内理三編『寧楽遺文』下、七四五頁。
(32) 関口裕子「平安時代の男女による文字(文体)使い分けの歴史的前提──九世紀の文書の署名を手がかりに──」、笹山晴生先生還暦記念会編『日本律令制論集』下、吉川弘文館、一九九三年。
(33) 「尼妙恵田地寄進状」文治三年三月二日『摂津開口神社文書』、『鎌倉遺文』二二二号。
(34) 「佐伯四郎丸田畠作手売券」建仁二年正月十八日『百巻本東大寺文書』七三号、『鎌倉遺文』一二八五号。
(35) 『大日本古文書　東大寺文書之八』第七三巻六一七号。
(36) 「紀姉子文書紛失状」大治元年四月十二日『高野辰之氏所蔵文書』、『平安遺文』二〇六八号。
(37) 「藤原仲子田地売券」久安三年三月十六日『股野文書』、『平安遺文』二六〇五号。
(38) 「尼蓮妙家地処分状」承安二年三月日『百巻本東大寺文書』二号、『平安遺文』三六〇一号。
(39) 「尼妙阿弥陀仏田地寄進状」建保二年二月八日『法隆寺文書』、『鎌倉遺文』二〇八三号。
(40) 「九郎家地売券」建長六年三月二十日『百巻本東大寺文書』九〇号、『鎌倉遺文』七七二四号。
(41) 「巨勢仲子田地置文」嘉禎四年六月十七日『内閣文庫所蔵大和国古文書』、『鎌倉遺文』五二五三号。
(42) 「丹治安房田地売券」文永八年二月十六日『百巻本東大寺文書』一号、『鎌倉遺文』一〇七八三、一〇七八四号。
(43) 全く同じ内容のものが二通あるが、どちらも正文で、家族たちはそれぞれに判を加えている。ところが、この中で乙法師・

金剛丸・禅日女の三名は、一方の文書で筆印、一方の文書で花押（金剛丸は略押カ）を用いているのである。これは、何を意味するのであろうか。乙法師・金剛丸は名前からして子どもであり、禅日女も子どもの可能性が高い。同じ内容の文書が二通あるのは、何らかの事情で複本を作ったのだろうが、この二通を影写本で見ると、本文は同じ書体で同じように書かれているものの、文字の線の繊細さなどに違いがあるように見える。他の人々の花押も形が異なっている。同時に二通書いたのではなく、少し時を置いて複製を作って、同じメンバーで署判を加えたと思われる。そうであれば、筆印を押していた子どもが花押が書けるようになったと考えたくなるが、残念ながら一〇七八四号は乙法師が花押で他の2人が筆印、一〇七八三号は乙法師が筆印で他の2人が花押（略押）なので、その考えは成り立たない。

(44)「藤井氏女田地処分状」弘安七年三月九日『丹波中江西八郎氏所蔵文書』、『鎌倉遺文』一五一一〇号。
(45)「尼善阿弥陀仏田地寄進状」永仁四年正月九日『近江長命寺文書』、『鎌倉遺文』一八九六七号。なお、この比丘尼善阿弥陀仏は、同年九月には花押を据えている（『東寺百号文書』メ、『鎌倉遺文』一九一四九号）。
(46)「鶴熊三郎等義絶起請文」元応元年閏七月二六日『東大寺文書』、『鎌倉遺文』二七一七八号。
(47)伊木前掲（30）書。ルビンジャー前掲（12）論文。
(48)関口前掲註（32）論文。
(49)前掲（34）（35）文書。
(50)前掲註（44）文書。
(51)佐藤進一『古文書学入門』法政大学出版局、一九七一年。
(52)上島亨「本願手印起請の成立――真っ赤な手印が捺された文書をめぐって――」『鎌倉遺文研究』三五、二〇一五年。
(53)康和四年六月二十四日「尼序妙所領譲状」（股野琢氏所蔵文書）は、史料編纂所に写真がある。これは、佐藤前掲（51）書の写真頁に写真が掲載され、また同書二五三～四頁に釈文と訳がある。
(54)大喜直彦「「手」と「自筆」――聖なるモノとしての文字」『中世びとの信仰社会史』法蔵館、二〇一一年。
(55)川田順造『無文字社会の歴史――西アフリカ・モシ族の事例を中心に』〈同時代ライブラリー〉岩波書店、一九九〇年、など。

（56）W—J・オング著／桜井直文他訳『声の文化と文字の文化』、藤原書店、一九九一年。
（57）蔵持重裕『声と顔の中世史』（吉川弘文館、二〇〇七年）では、文書を声に出して読んだことが考察されている。拙著『北条政子——尼将軍の時代』（吉川弘文館、二〇〇〇年）八八頁では、北条政子の仮名の文が実朝の下文同様の効力を有したことから、女性の持つ権力の質について言及した。また、女性と仮名については、西口順子「『恵信尼書状』について」（『中世の女性と仏教』法蔵館、二〇〇六年）が、在地の尼が所領経営に必要とされる漢字を知っていたことを指摘している。
（58）ルビンジャー前掲註（12）論文。笹本正治「近世百姓印章の一考察」『史学雑誌』八九—七、一九八〇年。
（59）マララ・ユスフザイ、石井光太抄訳「マララ・ユスフザイさんの国連演説」（二〇一三年七月十二日）、石井光太『ぼくたちはなぜ、学校へ行くのか。——マララ・ユスフザイさんの国連演説から考える——』、ポプラ社、二〇一三年。
（60）http://reports.weforum.org/global-gender-gap-report-2015/

第二章　『日本霊異記』にみる転換期の女と男

はじめに

『日本霊異記』(1)（正式名称は『日本国現報善悪霊異記』。以下、『霊異記』と略す）は、八世紀末から九世紀前半、すなわち奈良時代末から平安時代初頭にかけて編纂された説話集である。下巻の序文に「延暦六年」（七八七年）とあり、また巻末の説話に「今、平安の宮に十四季疏《ねんとお》して、天の下治めたまふ賀美能《かみの》の天皇是れなり」とあることから、嵯峨天皇の十四年すなわち八二三年（弘仁十四）がほぼ完成の時期と考えられている。説話の内容も多くが奈良時代から平安初期を舞台としている。また、中世の編纂になる『今昔物語集』などと共通した説話も多い。作者の薬師寺僧景戒《きょうかい》は、僧ではあるが、当時の多くの僧と同様に妻子があり、人生の中で息子の死という悲劇も経験している。(2)

『霊異記』の説話は、古代の家族、女性、ジェンダー研究に欠かせない史料である。これまでの研究によって、家族やジェンダーの在り方は九世紀半ばを境に大きく変化し、中世的な家の観念や、穢の観念が登場することが明らかにされている。(3)『霊異記』が書かれた時代は、この転換期の直前に当たっている。古代から中世的なるものが萌芽する微妙な時期に書かれた『霊異記』は、男女の人々をどのように描いているだろうか。本章では、『霊異記』における女性観・男性観について考察したい。

一　関口裕子による古代の家族形態と『霊異記』

『霊異記』の分析に入る前に、古代の家族形態について見ておきたい。

古代家族史の研究は、かつて、籍帳にみられる戸を実態と捉え、家父長制大家族が存在したとする考え方が一般的であった。(4)だが、それは、古代の他の文献、『風土記』『古事記』『日本書紀』『万葉集』『日本霊異記』等に見られる人々の生活と大きく隔たっていた。

そうした古代家族像を大きく塗り替える仕事をしたのは、関口裕子である。(5)関口は籍帳によらず、上記のほか、『宇津保物語』『源氏物語』や勅撰和歌集など、さまざまな文芸を博捜して、古代家族は家父長制大家族ではなく、父系制は未成立であったことを明らかにした。

関口は、大著『日本古代婚姻史の研究』(6)において、『霊異記』に描かれた家族像を、理論的には対偶婚の段階、すなわち、いまだ単婚が始まらず、家父長制の成立していない段階と位置づけている。(7)それでは、関口が明らかにした古代家族の実態とはどのようなものか。

まず、恋愛と結婚の区別が乏しい。夫婦の永続性は低く、現在、性関係のある相手が「夫」「妻」である。求婚は男女双方から行なわれ、自分自身で結婚を決め、親が追認した。姦通という考え方はほとんどなく、既婚者の性は必ずしも閉ざされていなかったが、全く規制がないわけでもなかった。(8)『霊異記』には二ヶ所（上―三〇、中―一二）、人妻との性関係を「姦」とした部分があるが、それは重大なタブー侵犯ではなく、あくまでも道徳的な批判に留まっているのであり、それは「単婚と相即的な開明的理想としての仏教、更には儒教の立場から、単婚以前の未開的な対偶

婚下の性関係が、克服すべきものとしてイデオロギー的に強調されているから」である。(9)

婚姻居住形態は、通い、妻方居住、新処居住を含む夫婦同居婚、通いを経て妻方居住に移行する形態などがある。夫方居住については、高群逸枝はその存在を認めなかったが、『霊異記』にはその例があり、いずれも豪族・郡司層に集中して存在し、女の方が身分が低いか、遠隔地の婚姻により政治的地位を持つ夫に女が合わせた場合である。(10)

女性の意に反した性交（すなわち強姦）は、『霊異記』には見られないが、平安末期の『今昔物語集』になるときわめて多くなる。(11)

所有は男女個人所有で、女性は男性と同様に所有主体となりえた。経営は、家長《いえぎみ》（夫）・家室《いえのとじ》（妻）の二人が双方の所有を合わせて行なわれ、女性は主体的に経営に参加していた。(12)

だが、『霊異記』の時代は、「対偶婚から単婚への移行の前提」(13)でもあった。『霊異記』には、家父長制家族へと移りゆく、移行しつつある直前の時代が捉えられているのである。

この微妙な移行期の文芸である『霊異記』は、ジェンダーで書き分けられた女と男を、いかに描写しているであろうか。以下、『霊異記』の女性像、男性像を見て行きたい。

二　穢観念、五障三従の不在

中世の文献を読むと、女性は穢れた存在であり、愚かで愛欲深く、嫉妬深く、さらに「五障」「三従」があって成仏や往生ができないといった露骨な女性嫌悪《ミゾニジー》が見られる。(14)そうした中世の史料に日々接している立場から『霊異記』を読むと、まず、実感するのは中世的な「穢」の不在である。人が死ぬと殯《もがり》を行ない、遺体を数日間安置しておき、日限が来ると行ってみる。中世ならば、わざわざ死穢に触れに行く恐ろしい行為である。「棺を望《のぞ》きて見れば、甚だ臭きこと比無《たぐひ》し」（下―二六）などといった描写もある。こうしたことが普通に行なわれているところが、まず中世とはきわめて異質な社会である。出産や月経などの「穢」の観念も『霊異記』には存在しない。女性はまだ「穢」と結び付けられていなかったのである。中世的な「穢」の大系が作られるのは、九世紀の半ば以後であるから、[15]『霊異記』はその直前に当たっている。

また、『霊異記』には「五障」（女性は梵天・帝釈天・魔王・転輪聖王・仏になれない）や「三従」（女性は父・夫・息子に従う）といった文言が見られない。『法華経』が頻繁に読まれ、写され、供養されているにも関わらず、「変成男子」「龍女成仏」「女人成仏」についての言及が全くない。当時の人々が、女性を劣った存在と考えていなかったために、『法華経』提婆達多品の龍女成仏説を女人成仏説として特にありがたがる必要がなかったと言えよう。こうした仏教的女性差別文言は、九世紀の後半から文献に見られるようになり、貴族社会に広まっていくのだが、[16]その直前に編まれた『霊異記』にはまだ見ることができないのである。

三　嫉妬は男のもの

『霊異記』では、女は嫉妬深いといった観念が全く見られない。平安末期に成立した『今昔物語集』では、嫉妬は女のものとして叙述されているが、[17]『霊異記』においては、嫉妬と女とはいまだ結びつけられていないのである。そして、『霊異記』における「嫉妬」「妬み」の語は、男性が他人の成功や出世を妬む場合に見られる。

ある兄弟が二人で交易に行ったところ、弟の方が利益を上げたため、「時に兄妬《うらや》み忌《にく》み」、弟を殺して銀を奪い、遺体を放置したので、弟の髑髏は人畜に踏まれ、歳月を経てようやく高麗《こま》の学生の従者に救い出された（上―十二）。同一の説話が、『今昔物語集[18]』に収められているが、こちらでは弟殺害の動機が、「兄銀をほしがりて、それを取らむがためにわれを殺してき」と物欲だけで説明されており、「妬み忌み」といった感情には言及されていない（巻十九―三一）。

長屋親王が、聖武天皇主催の衆僧供養の場で、賤形の沙弥を打った。すると、その報いで、長屋親王に対して「嫉《うら》妬《や》みする人有りて」、天皇に親王の謀反を讒言したので、親王は討伐されてしまった（中―一）。これも、同じ説話が『今昔物語集』に見えるが、「長屋を嫌《いまは》しく思ふ人ありて、天皇に讒していはく」となっていて、「嫉妬《うらや》み」という表記ではなくなっている（巻二十―二七）。

釈智光という知恵第一の人が、行基が大僧正に任じられたことに「嫉妬《ねたみ》の心」を抱き、「吾は是れ智人なり。行基は是れ沙弥なり。何の故にか天皇、吾が智を歯へたまはずして、唯沙弥をのみ誉めて用ゐたまふ」と言ったところ、病気になって地獄を経巡り、「大徳に向ひて誹り妬む心を挙せしことを」懺悔しようと改心する（中―七）。この説話は、『三宝絵[19]』に採られていて、智光が行基を「そねみねたみて」と書かれており（中巻―法宝の三）、『今昔物語集』でも同様に「ねたみにくみてそしれり」とある（巻十一―二）。

また、次は「嫉妬」という語は使われていないが、男が妻の浮気を疑う話である。文忌寸《ふみのいみき》という「凶《あ》しき人」が、法会に参加した妻を怒って連れ戻しに行き、導師に対して「汝、吾が妻に婚《くながひ》す。頭罰《う》ち破《わ》らるべし。斯下《いや》しき法師」などと数々の悪口雑言を浴びせた揚句に、妻を家に連れ帰って犯したところ、マラを蟻に噛まれて死んでしまった（中―十一）。ここでの夫の行動は、明記されてはいないけれども嫉妬と言ってよいだろう。

以上の説話から、『霊異記』では「嫉妬」はみな男のものであり、後世のように嫉妬と女性は結び付けられていないことがわかる。それは、この時代にはまだ単婚、一夫一妻多妾制が成立しておらず、一人の夫をめぐって複数の妻が寵を争う事態は生じていなかったからである。[20] また、ここで描かれる男性の「嫉妬」は、愛欲よりも、他人の出世や成功に対する嫉妬に力点が置かれている。

そして、『霊異記』における男の嫉妬は、『今昔物語集』においては極力、書かれないようになっていた。『今昔』の時代にあっては、嫉妬は女のものだったからであろう。

四　男性の身体描写

『霊異記』に仏教的な女性蔑視観はない。だが、全く女性差別がないかと言えば、そうでもない。顕著であるのは、女性の身体描写が、男性のそれに比べて非常に多いことである。

男性の身体の各部分を表す名称を探すと、女性に比してあまり多くはないが、皆無ではない。そのほとんどは、仏罰や葬送の場面に見られる。たとえば、仏罰によって「膊《ほじし》（はぎ）の肉爛《ただ》れ消え、その骨璅《ほねぐさり》のみあり」（中―十）という表現、また、「口鼻より血を流し、両つの目抜けて」たちまち死んだ（下―二九）という表現、さらに、作者の景戒が夢の中で自分が火葬になるところを見つめていて「己が身の脚膝《あしひざ》節《ふし》の骨、臂《かいな》・頭、皆焼かれて断れ落つ」（下―三八）、というような場面である。

特別なのはマラ（男性器）で、四ヶ所に登場する。①法会に参加していた妻を無理に連れ帰って犯した夫は、マラを蟻に噛まれて死んでしまう（中―十一）。②狭い堂の中で女衆と一緒にいた経師が、性的欲望を抱いて、一人の女の背中にうずくまり、裳を挙げて性交し、マラがクボ（女性器）に入るや、二人は手を携えて共に死んでしまう（下

―十八)。③息子に深く愛心を抱いた母が息子のマラを吸っていたという話（中―四一）、④道鏡が称徳女帝の元で権力を持ったころ、天下の人々が風刺して「法師らを裳はきたりとあなづれど、そが中に腰帯薦槌《こしおびこもつち》さがれるぞ、いや立つ時々、畏き卿《きみ》や」、「我が黒みそひ股に宿給《ね》へ、人と成るまで」と歌ったという話（下―三八）である。

これらの中の①②④は、マラは性交に能動的で、女性に対し自らの欲望を主張し、押し付けるものである。しかし、①②では、マラは放縦な性行動の結果として仏罰が下され死に至るきっかけとなる弱点でもあった。

一方、③において、マラは、女性（母）から性的欲望を押し付けられる弱点となっている。この③の話は、「女人大きなる蛇に婚せられ、薬の力に頼りて、命を全くすること得し縁」という別の説話の後に付せられており、仏陀が阿難に語った話とされている。しかし、表題にある前半の蛇の話が『今昔物語集』などにも採られ、よく知られているのに対し、この話は『今昔』など他の説話集に見られないし、出典もわかっていないようだ。③の話は、次のようなものである。

仏陀と阿難が墓の近くを通りかかると、両親が息子の墓に飲食を備え、息子の妻や家族と共に祭祀を行ない泣いていた。それを見た仏陀が嘆き悲しむので、阿難がその理由を問うと、仏陀は語った。「この女は、前世で一人の男子を産んだ。深く愛心を起こして、口でその子のマラを吸った。三年が経ち、母は急に病気になり、臨終のときに臨んで、子を撫でマラを吸って、「今後生まれ変わるたびに常に夫婦となろう」と言った。ついに、隣家の娘となって生まれてきて、子の妻となり、今、夫に先立たれてその骨を祀り、泣いているのだ」と。

本説話は、『霊異記』独特な説話であると言えよう。トノムラ・ヒトミは、『今昔物語集』の分析から、「ペニスは、女（または男）の性欲の受動的な対象物ではなく、能動的な主体要素として表現されることが多い」としつつも、「男の弱点」でもあることを指摘している。(21) その点は、『霊異記』の本説話③と同様である。しかし、『今昔』には、本説話のような直接的な表現、マラが女性（母）の性的欲望の対象となり、女性の能動的な行為によって性的搾取の対象にされるような話はない。トノムラによれば、『今昔』では、「ペニスは、…おんなの愛欲の対象としては捉えられない」と言う。『今昔物語集』以下の説話集では、取捨選択がなされ、本説話③は取り上げられなかったのである。

一方、トノムラが指摘するような、『今昔』では「ペニスを取り巻くディスクールが男としての集団的な自己認識――男たちの絆[22]――を補強している」という点は、『霊異記』には見られない。

男性の容姿に関する記述は女性よりも少ないが、男にとって容姿の美醜は意味のあることであった[23]。まず、背が高い方が良かったらしい。作者の景戒の夢に、一人の乞食者が現れて、「上品の善功徳を修すれば、一丈七尺（一尺＝約三〇センチメートルとすれば、約五メートル一〇センチ）の長身を得む。下品の善功徳を修すれば、一丈（約三メートル）の身を得む」と言う。景戒は、私は下品の善行すらしなかったので、このように五尺余り（約一五〇センチ余り）の身長しかないのだなあ、と歎く（下―三八）。それゆえ、他の話で、百済から来た高僧が身長七尺（約二メートル一〇センチ）あったという記述（上―十四）は、彼の高僧ぶりを示す身体的特徴なのであろう。

また、ある僧を捉えて宮に連行したところ、宮は「状《かたち》を問はむ」と見てみると、「面姿奇貴《かほめづらか》に、身体殊妙《すがたうるわ》しく、忝《かたじけ》なし」という美貌であったため、ひそかに浄屋に居させて絵師を呼んでその姿をリアルに描き留めさせたところ、出来上がった絵は観音菩薩であった（上―二十）。この話の主題は観音の霊験譚であるが、不可解なのはこの「宮」と言われる人物の行動である。罪を問うため連行された僧に対して、その容姿を問うのであり、その美貌を見て、罰することなく、絵師に姿を映させるのである。ここには、美しい容姿をしている人間は、仏の心に背かない善良な人間であるという観念が見られる。そうであれば逆に、醜さは仏罰の結果ということになる[24]。

法華経を写す女を誹って口が歪んでしまった男の話では、「法華経を信心する人を誹ると、体の諸器官が鈍くなり、背が低い醜い人になり、手が萎え、足が萎え、盲者、聾者、せむしになるだろう」とあり（下—二〇）、障害や病気が容姿の醜さと同列に捉えられ、それらは仏罰の結果であり、男たちはそれを恐れていたことがわかる。[25]

五　女性の身体描写

女性は、男性よりもはるかに身体描写が多い。つまり、『霊異記』というテキストが、女と男の描き方に著しい不均等を有しているのである。

たとえば、大力の女同士が争って、片方が鞭で打ったら鞭に打たれた方の肉がついた（中—四）とか、猪の油を髪につけて法会に参加した女が行基から「臭い、頭に血をぬっている」と言われて追い出されたり（中—二九）、病気で首に大きな瓜のようなできものが出来たために出家した話や（下—三四）、あるいは優婆夷《うばい》が経を読む声が非常に美しく多くの人々に愛されているなど（中—十九）、女性は身体に関する描写がきわめて多様で数も多いのである。仏罰を受けた人の描写も、棺の蓋が開いたらひどく臭くて、上半身が次第に牛になりつつあったとか（下—二六）、地獄で鉄の釘を頭から打たれて尻に通り、また額から打たれてうなじに通っていたなど（上—三〇）、ひどく生々しいものである。

女性は、男の場合と異なり、しばしば容姿が美しいことが特記される。さらに、「未だ嫁がず」（たとえば中—三四など）といった、性体験の無さがことさらに話題にされていることも多く、これも男には一例もないことである。

「女人、濫《みだりがは》しく嫁ぎて、子を乳に飢ゑしめしが故に、現報を得し縁」（下—十六）は、特に身体描写が多い。横江臣成刀自女《よこえのおみなりとじめ》は、生まれながら淫乱で多くの男と性交をしていた。若いうちに死んで、年月を経た後、ある法師の

夢に現れ、草の中で「太快《いとたくま》しく肥えたる女」が「裸衣《あかはだか》にして」うずくまっているのだった。その様子は、

両《ふた》つの乳脹《は》れたること大きにして、竈戸《かまど》の如くに垂り、乳より膿《うみしる》流る。長跪《ひざまず》きて手を以て膝を押し、病める乳に臨みて言はく、「痛き乳かな」といひて、呻吟《によ》び苦しび病む。

という有り様だった。そして、自分はかつて幼児を棄てて男と寝て、子を乳に飢えさせたために、今、乳が脹れる病を得たと言う。彼女が生前、多くの男と性交したのは、「面姿姝妙《かほうるわ》しくして、男に愛欲せられ」たためであった。この話は、

誠に知る、母の両つの甘き乳、まことに恩は深しと雖も、惜みて哺育《はぐく》まぬときには、返りて殃罪《つみ》と成らむといふことを。

と締めくくられている。

このように、女性の身体で特筆すべきは乳房であり、乳房は母の恩の象徴である[26]。

ある男子は、病気で命が終わろうとする時、母に向かい、「母の乳を飲めば我が命を長らえることができるだろう」と言う。母が、乳を病める子に飲ませると、子は歎いて言うことには、「ああ、母の甘い乳を捨てて、私は死ぬのか」と言って死んだ。母は、死んだ子を恋い出家する（中―二）。息子から母への思慕は、乳房を恋うことで表象される。一方、「凶人《あしきひと》の嬭房《ちぶさ》の母を敬養《きょうよう》せずして、以《もっ》て現に悪死の報を得し縁」（上―二三）では、息子が母を養わず、母に稲を貸して早く返せと責めたてた。あきれた客人たちが母の代わりに弁済し引き上げた後で、母は乳房を出して見せつつ、悲しみ泣いて、「私がおまえを育てたとき、日夜、休むことはなかった。…おまえは私から稲を取り立てた。それなら私もまた、乳の値を取り立てよう。母と子の縁は今日でおしまいだ」と言う。これを聞くと、息子は気が狂ってしまった[27]。ここでの乳房は、無償かつ年中無休の二十四時間労働である授乳・養育の象徴として、母が息子

に示して見せたものである。

さらに、「行基大徳、子を携ふる女の過去の怨を視て、淵に投げしめ、異《めずら》しき表《しるし》を示しし縁」（中―三十）は衝撃的である。行基の許に聴聞に来る女が、いつも子を伴っていたが、その子は十歳を過ぎるまで歩くことができず、泣き叫んでは常に母の乳を飲み、物を食べていた。それを見て、行基は女に、その子を淵に投げ捨てるように言う。衆人は驚き、また女は子どもを慈しんで常に抱いて聴聞に来ていたが、ある時また子どもが激しく泣き、説法が聞こえないので、行基は重ねて子を淵に捨てるように言った。ついに女が子を淵に捨てると、子は水の上に浮かび、手足をばたばたさせ、目をいからせて言った。「くやしい、あと三年、責め立てて喰ってやろうと思ったのに」。行基の説明によると、前世において、この母は借財をして返さなかったので、貸主が子になって生まれてきて、負債の分を食っていたのだという[28]。

以上に見てきたように、『霊異記』における乳房は、男女の性的結合に関係するものとしては描かれず、専ら、授乳する乳房として、母と子のつながりを象徴的に示すものであった。ただし、母子と言っても、これらの説話に登場するのはみな男子ばかりなので、木村朗子が分析するようなエディプス・コンプレックス的な心理が存在することは間違いなかろう[29]。そして木村は、時代が下って『今昔物語集』になると、先の説話の「嬭房《ちぶさ》の母」（上―二三）がただの「母」（巻二〇―三一）となり、また行基の説話（中―三十）においても、子が乳を飲むという表現が消え、ただ物を食らうことになっている（『今昔』巻十七―三七）ことを指摘している[30]。

エディプス・コンプレックスについては、ここで論じる用意がないが、『霊異記』には母と娘の愛着を乳房で示した話はないし、父と子の身体的つながりを示す話もないので、やはり母と息子という関係に何か特別なものがあったとは言える。ここでは、『霊異記』が書かれた古代において、母と息子との強い愛着を乳房によって表象する思考があり、そうした表現が中世には無くなったことを、確認しておきたい。

六　女性の意に反した性交

さて、関口裕子は、『霊異記』には女性の意に反した性行為は見られないとした。確かに、『今昔物語集』に頻繁に見られる、女が強硬な男に「いなび得べき様なければ」仕方なく性交に応じたというような表現はない。しかし、『霊異記』にも女性の意に反した性交の例もある。[31]

まず、前出の「僧を罵《さいな》むと邪婬するとにより、悪病を得て死にし縁」（中―十一）は、文忌寸《ふみのいみき》という「凶《あ》しき人」が、妻が法会に行ったことに腹を立て、妻を奪ったと僧を罵り、妻を連れ帰り「即ち其の妻を犯す」と、たちまちマラを蟻に噛まれて死んだという話である。夫婦というパートナーの間柄であっても、暴力的な性交に変わりはない。『霊異記』は「犯す」「邪婬」という語を用いて、強姦であることを示している。これについて、本章がテキストとして用いた中田祝夫校注訳『日本霊異記』は、わざわざ頭注を付け、「妻ではあっても、悔過の法事の期間中は、斎戒沐浴して、正常な生活をしていなくてはならない。その禁戒を破ったので、妻を犯したといったのであろう」と解説している（一七七頁、頭注一六）。わざわざこのような頭注をつけたのは、夫が妻を「犯す」という表現に違和感を覚えたからであって、それは夫が妻に対して行なう性交はいつでも許されると考えていたからであろう。本書が出されたのは一九七五年であり、まだ夫婦間のレイプが認識されていなかったのである。しかし、『霊異記』は明確に、熱心に仏事を行なっていた妻と暴力的に性交したことを「犯す」「邪婬」と表現しているのである。

このことは、本説話を採録した『今昔物語集』（巻十六―三八）と比較してみると、さらに明確になる。強姦が日常化したような世界を描く『今昔物語集』では、本説話の当該箇所は、「妻を犯す」ではなく「妻を寝所に引き入れて二人臥しぬ。即ち嫁ぐにし」と記している。しかも、『霊異記』にはなかった妻の容貌が「その女、形、有様、美麗にして」と記され、夫が妻に向かって「汝必ずこの法師に盗まれぬらん」と語る場面も追加されている。この夫の死なねばならぬほどの罪は、『霊異記』では「僧を罵む」と「邪婬」の二つであったが、『今昔』では「僧を謗る」と「観音の悔過を行ふを、来て聞く人を妨ぐる過」の二つになっている。つまり、『今昔』の世界では、夫が妻に性交を強いることは罪ではなくなっているわけである。

『霊異記』において、女性の合意のない性交、すなわち強姦が明確に書かれているのが、夫婦の間であることは興味深い。

また、これも先に見た説話で、狭い堂で女の背中から経師が交わった話（下―十八）では、女性の側の気持ちは書かれておらず、少なくとも「婬れの心さかりに発」ったのは男の方であり、能動的なのは男、女は受動的である。それにも関わらず、死んだ時に口から泡を吹いていたのは女の方だった。

蛇に婚《くながひ》せられた娘は、少なくとも自分の意思で蛇と交わったのではなかった(32)。桑に登って葉を取っていた娘は、木に蛇がからみついているのを知って、あわてて木から落下する。蛇も同じく落下し、娘にまとわりついて性交し、娘は放心し気絶した。父母は、薬師《くすし》を呼んで、娘を逆さにつり下げてツビに薬を注ぎ込み、蛇を娘から放して殺し、さらに子蛇を殺した。娘は正気に戻ったが、三年後にまた蛇に婚せられて死んだ（中―四一）。ここでは、意識を失った女性は、自分の身体に対する自己決定を全くできない状態に置かれ、他人に繰られ、視線にさらされている。ツビは、彼女の意思に反して、ヘビが入り、薬が注ぎ込まれている。ツビは、受動的で女の弱点である。他の説話において、優秀な尼である舎利は、クボなく、尿を出す穴のみあり、性交することがなかったという（下―十九）。彼女は、異形性とともに、クボがないことが気高い尼の象徴とされたのである。

女性が虐待される次のような話もある。富める家の娘が、たくさんの贈り物を届けた人を好ましく思い、床を共にした。娘の父母は「痛や」という声を三度聞いたが、「未《いま》だならわずして痛むなり」と考えて気にしなかった。ところが、翌朝、閨の中には、娘の首と指一本しか残っておらず、娘は悪鬼に食われてしまった（中―三三）。ここでは、結婚を決めたまでは娘の意思だが、閨の中では、彼女の身体に暴力が加えられたわけである。それなのに、「未《いま》だならわずして痛むなり」と思ったら間違いだったという艶笑譚のような展開の中で、娘は首だけにされてしまう。娘が美しいとされていること、性体験の乏しさがわざわざ記されていることは、嗜虐性を高める効果をねらっているのだろう。

この悪鬼と先述のヘビの説話は、人間の人間に対するレイプではないが、女性の身体に暴力が加えられることに変わりない。レイプまでの距離は、あと少しである。

女性に対して、からかったり、嫌がらせをしたりする場面も登場する。大力の女が川で洗濯をしていると、船が通り、船長が彼女を見て「言ひ煩はし嘲《えつらか》し嗎《もてあそ》」んだ。女は、「黙《もだ》あれ」「人を犯す者は、頬痛く拍たれむ」と言うが、船長はこれを聞いて怒り、船を止めて女を打った。女は打たれても痛くはなく、船を陸に引き上げ、「礼無きが故に船を引き据う。何の故にか諸人賤しき女を凌がしむる」と言った。船長はとうとう謝った（中―二七）。ここで、男が女を言葉でからかって嫌がらせをしたというのは、性的な内容を含む嫌がらせであったろう。それに女が怒って抗議すると、現代風に言えば「逆ギレ」して女に暴力を振るう。これも、性暴力の一種であろう。

また、先述の、法華経を写す女の「過失」を誹った男の口が歪んだ話（下―二〇）において、男の口が歪むような女の「過失」とは一体どんなことであろうか。女の容姿や性に関わることではないかと想像するものである。

以上に見てきたように、『霊異記』は、『今昔物語集』のような強姦が日常化した世界とは全く異なるものの、性暴力が全くないとは言えない世界であった。特に、明確な強姦が記されるのが夫婦間であるのは示唆的である。

七　家室の変貌

『霊異記』に見られる、家長《いえぎみ》（夫）と家室《いえのとじ》（妻）のペアで行なう首長層・富豪層の経営の在り方に注目したのは河音能平である[33]。河音は、家長について、家畜の所有権・生殺与奪権、自らの結婚・離婚の決定権、家産としての蓄稲の所有権、使人の労働指揮権を有し、家産全体の再生産の責任者であったとし、家室はその下で、消費分食糧の家族成員各人への分配権を持ったもの、とした。一読して、近代的な「主婦」としての役割で家室を捉えていることがわかる。これに対して関口は、①家畜・稲は女性も所有しているし、それらはそもそも家産として存在しているのではない、②結婚・離婚の決定権は女性も保持している、③家長による家畜の生殺決定権も決定的に言えるとは考えられない、④使人の労働指揮権は家室も持っている、⑤家室の食糧分配権が家長の下にあることが証明できないこと、などから、河音が家長の権限としたものはほとんど家室（女性）も持っているとして、河音を批判した[34]。その上で関口も、以下のようなことから、家長の家室に対する優位が進行していることを指摘している[35]。

①『霊異記』には、家室が単独で登場するよりも、家長が単独で登場する方が多い。

②家長の呼び方に、「家長公《いえぎみのきみ》」と、「公」がつけられていることが多く、家室にはつけられていない。「公」とは、政治的支配者に対する尊称である。家長は、郡司など、家室にはない政治的な権威を持つ存在となり、公的な官職から排除された女性をしのいで家の代表者となっていったと考えられる。

③『霊異記』に見られる出挙を含む貸借関係を見ると、貸す側の人々は男（家長）が多く、借りる側の人々は男女同数である。このことから、財産所有権は男女双方が保持していても、その力量は男性が女性を上回りつつあったことがわかる。

　これらのことから、関口は、『霊異記』は家父長制家族が萌芽してくる時代に書かれた書物であると結論づける。そして、「日本において男性に対する女性の従属がその発生過程においては、経済的要因よりは政治的要因に依拠するという、日本社会の特殊なあり方[36]」という重要な指摘をしている。

　そして続く十世紀には、男性の家長が経営を独占する家父長制家族が成立するとしている。たとえば『宇津保物語』の神奈備種松による大経営では、種松の妻は経営から外され、かしずかれ、夫にかしずく存在となっており、家室の面影はもはやない。関口は、その十世紀を単婚の成立と考える。

　『霊異記』が書かれた九世紀は、その直前に当たる。官職を手にした家長は、それを持たない家室に対して次第に優位になっていく。『霊異記』は、たくましく経営を行なう家室の姿を描く一方で、次第に力を失っていく女性の姿や、趣を異にする「理想の妻」像も描いているのである。ここでは、『霊異記』における女性に対するイデオロギーについて見ておきたい。

　先に見た大力の女は、横暴な国司をやっつけたために、夫の両親に恐れられ、郡司である夫から追い出されてしまうのだが、もとは良き妻であった。美しい衣を作ることができ、「夫に随ひ柔《にこや》かに儒《やわら》かにして、練りたる糸綿の如し」（中—二七）というのは、理想の妻像なのであろう。彼女の場合、関口が言うように、夫と違う郡の出身なので、郡司である夫の家の方に住んでいたのであり、夫の両親から監視されていたのである。ここには、家長と共に経営に携わっていた家室の地位が、次第に低下していく様を見ることができる。律令制が施行されると、国司や郡司などの地方官の場合、赴任する夫に妻が同行する事態が起こり、夫方居住、それも遠隔地で夫の家に住むという状況が発生した。遠隔地であるから、妻は、自らの属する共同体や人間関係、経済関係から切り離されて、専ら夫の官職によって養われる立場になる。『今昔物語集』などの平安文学には、こうした状況の下での妻の悲劇を描いたものが少なくない。

一方、「風流《みさを》なる女」として、ついには仙草を食べて空を飛んだ女は、夫は通ってくるだけで共に生活しておらず、七人の子があり、貧しくて食事にも事欠いたが、日々、沐浴して身を清め、編んだ藤の衣を着て、野に行き草を採った。それでも普段は家にいて、家をきれいに掃除した。菜を採って調理し、子を呼び端座して、笑みを含み馴れ親しんで、感謝の気持ちで食事をした（上―十三）。彼女は、清貧に甘んじて家事を治め、慈愛深く子育てしており、生産労働には従事していないが、この暮らしぶりが、「風流《みさを》」（高尚）と評価され、やがて仙人になるのである。『霊異記』は、尼舎利のような能力ある尼を高く評価する一方で、俗人については、夫と共に経営に携わっていた当時一般の家室よりも、夫に随い、衣を作り、食事を作り、子どもに微笑む女性を称賛しているのである。ここに、移行期において、実態に先行するイデオロギーを見ることが出来る。また、地獄に堕ちた男が「妻子を養うために生き物を殺した」と告白した例が一例あり（上―三〇）、男が妻子を養うという考え方も生まれていた。

『霊異記』の時代から十世紀において、男性に比べての女性の貧困化が、急速に進行していたと考えられる。『霊異記』には、貧しい女が窮していたら折り良く知り合いが食物を届けてくれたが、それは実は仏の化身だった、というような「貧女もの」と言うべき説話が、いくつも見られる（中―十四、中―二八、中―三四、中―四二）。こうした「貧女もの」の説話は、『今昔』をはじめ、中世には多く見られる。また、十世紀には、あばらやの姫君が男の恋物語のヒロインとして登場するようになる。

おわりに

以上に見てきた『日本霊異記』の世界をまとめてみよう。

①いまだ五障三従のような仏教的女性差別観が普及せず、穢観念も未成立である。

②女性の嫉妬が見られない。女性と嫉妬はいまだ結び付けられていない。嫉妬は男が他人の出世や成功を妬んだ時の感情の動きである。また、男が妻を取られると誤解した例もある。

③男性の身体描写よりも、女性の身体描写の方がかなり多い。すなわち、女性は身体的存在である。

④男性の身体の中で重要なのはマラで、それは女性に対して自らの欲望を押し付けるものであると同時に、反面、女性から欲望を押し付けられる弱点でもあった。そうした女性の直接的な欲望は、『今昔物語集』では見られなくなる。一方、ホモソーシャルな絆を結ぶものとして機能した話はない。

⑤男性にとっても容姿の美醜は意味のあることであり、背は高い方がよく、それらは前世の行ないの結果であるとされた。

⑥女性の身体の中で最も重要なのは乳房であり、それは性的な魅力を放つものではなく、子に対する母の恩を示すものであった。特に、息子と母の愛着を示すものであった。子に乳をやらずに多くの男を作っていた女には乳房が痛む仏罰が下った。

⑦女性の意に反した性交は、『霊異記』には見られる。また、女性に対する性的嫌がらせもあると思われる。特筆すべきは、夫の妻に対する性交の強要が「犯す」と表現され、非難されていることである。

⑧富豪層における家長と家室の夫婦共同経営が指摘されているが、『霊異記』の時代には、家長の優位が次第に明らかになってきた。本稿では、それを補強するイデオロギーとして、夫の従順なヒロインの姿を見てきた。

以上に見てきた『日本霊異記』におけるジェンダーは、古代から中世へと時代が大きく変化していく前夜の、変化がそろそろ始まった時期のものである。ジェンダーの在り方は、九世紀半ば以降、ジェンダーの在り方が大きく変わり、十世紀に入る頃にはそれが定着していく。八世紀末から九世紀前半に成立した『霊異記』は、まだ、古代社会のものであり、『今昔物語集』とは多くの違いがあった。しかし、女性の貧困など、次の時代の問題はすでに萌芽していたのである。

註

（1）中田祝夫校注訳『日本霊異記』〈日本古典文学全集〉小学館、一九七五年。なお、吉田一彦「『日本霊異記』を題材に」（吉田・勝浦令子・西口順子『日本史の中の女性と仏教』法藏館、一九九九年。のち「『日本霊異記』の中の女性と仏教」と改題のうえ、吉田『古代仏教をよみなおす』吉川弘文館、二〇〇六年、所収）は、女性観を扱った専論である。

（2）下巻第三十八に「同じ天皇の平城の宮に天の下治めたまひし延暦の十六年丁丑の夏の四五両月の頃に、景戒が室に、夜毎々に狐鳴く。幷せて景戒が私に造れる堂の壁を、狐掘りて内に入り、仏坐の上に屎矢《くそま》り穢し、或ときには昼屋戸に向ひて鳴く。然して、経ること二百二十余日にして、十二月の十七日に、景戒が男死ぬ。」とあり、狐が盛んに出没した後で息子が死んだと語られている。さらに、セミが鳴いて、二頭の馬が死んだという。

（3）この問題に関しては、研究会「日本の女性と仏教」の活動を始めとする多くの成果がある。仏典における五障三従、龍女成仏などの女性差別文言が、九世紀後半に文献に見えるようになり、以後、貴族社会に広まっていくことは、平雅行「顕密仏教と女性」『日本中世の社会と仏教』（塙書房、一九九二年）、同「中世仏教と女性」（女性史総合研究会編『日本女性生活史』二（中世）、東京大学出版会、一九九〇年）。また、女性の穢については、西山良平「王朝都市と女性の《穢れ》」（女性史総合研究会編『日本女性生活史』一、東京大学出版会、一九九〇年）など。拙著『仏教と女の精神史』（吉川弘文館、二〇〇四年）でも言及している。

（4）石母田正『日本の古代国家』岩波書店、一九七一年、のち『石母田正著作集』三、岩波書店、一九八九年、所収、など。

（5）関口裕子『日本古代婚姻史の研究』上下、塙書房、一九九三年。同『日本古代家族史の研究』上下、塙書房、二〇〇四年。

（6）関口前掲註（5）『日本古代婚姻史の研究』。

（7）関口は、『霊異記』を「対偶婚の時代の家族形態」を示す史料として位置づけている。対偶婚とは単婚（一夫一婦＋多妾）が始まる前の、婚姻形態である。対偶婚については、前掲（5）書（上）第一編「対偶婚概念の理論的検討」を参照。

（8）関口前掲註（5）書（上）〔Ⅰ〕第二編「日本古代における対偶婚の存在と具体相」。以下、本稿は本書に依るところが大きい。

（9）関口前掲（5）書（上）〔Ⅰ〕第二編第二章「日本古代における姦について」二二三頁。

（10）関口前掲（5）書（下）〔Ⅱ〕第二章「婚姻居住形態の実態」。

（11）関口前掲（5）書（上）〔Ⅰ〕第二編第三章「気の向く間のみ継続する結婚とその下での諸事象」、三四八頁。

（12）関口前掲（5）書（下）〔Ⅰ〕第三編第一章「対偶婚から単婚への移行の前提」。

（13）関口前掲（5）書において、様々な面から述べられている。

（14）たとえば、土谷恵「女人禁制と尼たち」（総合女性史研究会編『日本女性の歴史―文化と思想』角川選書、一九九三年）には、法然の『無量寿経釈』の一部分を引用し、「女性は罪深く障りが深いので、すべての所から嫌われている。女性には両足があっても霊験あらたかな山には登ることができず、両眼は開いていても拝むことができない霊地や霊像があるのだと。」と紹介しつつ、仏教的な女性嫌悪の広まりの問題について簡潔かつ的確にまとめている。拙稿「母の力―『沙石集』に見る神がかりと女性観」（拙著前掲（3））では、『沙石集』における女性嫌悪に注目した。

（15）西山前掲（3）論文。拙著前掲（3）書。

（16）平前掲（3）論文「顕密仏教と女性」。

（17）トノムラヒトミ「肉体と欲望の経路――『今昔物語集』にみる女と男」（脇田晴子、S. B. ハンレー編『ジェンダーの日本史』上、東京大学出版会、一九九四年）は、『今昔物語集』を分析し、「嫉妬（妬み）は、恋愛に関するディスクール上、完全に女の特質となっていて、男に関してはその言葉の不在性が目につく。男が嫉妬らしき感情を持ち合わせなかったのではなく、男はそう叙述表現されなかったようだ」と述べている。

（18）佐藤謙三校注『今昔物語集』角川文庫、一九六四年。なお、『今昔物語集』における婚姻形態については、西村汎子「『今昔物語集』における婚姻形態と婚姻関係――高群逸枝説への疑問――」（『歴史評論』三三五、一九七八年。のち西村『古代・中世の家族と女性』吉川弘文館、二〇〇二年、所収）がある。

（19）出雲路修校注『三宝絵――平安時代仏教説話集』（東洋文庫）平凡社、一九九〇年。

（20）たとえば、『沙石集』には、「嫉妬ノ人ノ霊ノ事」（巻七―六）という説話がある。ある卿相の北の方が、夫の愛人が妊娠したので、呼び出して惨殺した。すると、殺された女の母が北の方を呪って狂死。北の方は、その母の霊に憑かれて病死した。かかる凄絶な「女の嫉妬」のドラマの背景に、一夫一妻多妾制があることは言うまでもない。

（21）トノムラ前掲（17）論文。

（22）男同士のホモソーシャルな絆については、イヴ・K・セジウィック・上原早苗、亀澤美由紀訳『男同士の絆――イギリス文学とホモソーシャルな欲望』（名古屋大学出版会、二〇〇一年）以来、夙に注目されるようになった。

（23）大塚ひかり『美男の立身、ブ男の逆襲』文春新書、二〇〇五年。

（24）大塚前掲（23）書は、記紀万葉の時代にはなかった「美醜が道徳的な善悪と結びつくという発想は、当時の日本人にとって革命的であった。」（五六頁）と指摘する。

（25）大塚前掲（23）書は、この問題について、「身分も見た目も、前世で犯した行いの良し悪しによるという仏教思想はまた、来世のより良い容姿と生活を求めて人々が励む結果、モラルの向上につながり、犯罪防止に役立ったことと思う。…施薬院などを設置し、病者や孤児を救ったのも仏教だし、平安後期になると、ブ男や身体に障害のある者などが仏門に入ることも多かった。が、特定の病気を「業病」などと言い、差別を深めていったのも仏教思想であって、健康者と非健康者、美人と醜い者の間に、道徳的な優劣をつけることにもなった。」（五五頁）と述べている。

（26）トノムラ前掲（17）論文において、

(27) 木村朗子「乳房はだれのものか」(『乳房はだれのものか』新曜社、二〇〇九年)において、本説話はアイスキュロス『オレステイア』において、息子オレステスに殺されそうになった母クリュタイムネストラが、乳房を出して見せたシーンとの類似性を指摘している。

(28) 木村はこの説話を、「母と子が、乳房をめぐって死闘を繰り広げる」説話とし、「乳房によって結ばれた母と子が、「子殺し」と「母殺し」の衝動を互いに奥底に秘めていることを最古の仏教説話集『日本霊異記』もまた示す」と分析している。木村前掲(27)論文、二二五頁。

(29) 木村前掲(27)論文。

(30) 木村前掲(27)論文。

(31) トノムラ前掲(17)論文。なお、服藤早苗は、『今昔物語集』において、女性が「いなび得べき様なければ」強姦されるままになるという記述が頻発することから、「被害者である女の場合は、抵抗などしないこと、これこそが、力づくで性暴力を受けた際の、唯一自分を守る手段だったのである」と述べて、黙って男に強姦されることが、殺されずに済む唯一の「強姦にあった際の作法」であると位置づけている(『平安京の女と男――貴族と庶民の性と愛』中公文庫、一九九五年、一四二～一四六頁)。これについて、私は二点、疑問がある。まず一点目は、この『今昔』による表現は、直に当時の女性たちの思考として捉えるのではなく、まずは編者のコメント、言説として捉えるべきであると考える。もちろん、それは当該時期のジェンダー認識と深い関わりがある。二点目は、女性側が強要された性交を拒絶しないことが、より生命の安全につながるのかどうかは疑問である。

(32) 田中貴子は、『〈悪女〉論』(紀伊国屋書店、一九九二年)において、女性が蛇と通じる、あるいは女性が蛇になるという話について考察し、意味を探っている。

(33) 河音能平「日本令における戸主と家長」『中世封建制成立史論』東京大学出版会、一九七一年、三八〇頁～三八一頁。

(34) 関口前掲(6)書(下)〔I〕第三編第一章「対偶婚から単婚への移行の前提」。
　なお、これに対して鬼頭清明は、「稲春女考」(黒沢幸三編『日本霊異記――土着と外来』三弥井書店、一九八六年。のち『古代木簡の基礎的研究』塙書房、一九九三年所収)において、家長と家室では権限の分担があり、生産活動指揮・財産管理権を握るのは家長、家内女性労働指揮・食糧分配権は家室の役割であったと、家室を家長の下での主婦役割として捉え、関口を批判した。さらに、義江明子は、「古代の家族と女性」（『岩波講座日本通史6、古代五』岩波書店、一九九五年、のち義江『日本古代女性史論』吉川弘文館、二〇〇七年）において、関口説を肯定しつつ、家長と家室双方が所有主体・経営主体であり、寄り合って経営を行なう中で、具体的な分業もあったとしている

(35) 関口前掲（6）書（下）〔I〕第三編第一章「対偶婚から単婚への移行の前提」十一～十五頁。

(36) 関口前掲（6）書（下）〔I〕第三編第一章「対偶婚から単婚への移行の前提」十四頁。

第三章　恋する女性は蜘蛛を歌った

はじめに

現代の日本には、虫を嫌う人が多い。なかでも蜘蛛は、とりわけオカルト的なイメージが強いようだ。虫好きで知られた故手塚治虫も、蜘蛛だけは苦手だったということである。[1] こうした蜘蛛嫌いの感覚は、時に神経症にもなり、アラクノフォビアという病名すらついている。

学問研究の世界でも、しばしば蜘蛛は主観的に叙述されている。たとえば、「蜘蛛は…（中略）…その姿の奇怪なことから、次第に妖怪化された[2]」、「外見の不快さから、…（中略）…一貫して不気味なものの負のイメージを担ってきた[3]」等々。

しかし、クモはヒト同様、独自に進化を遂げてきた生物なのであって、彼らを不気味だと言うのは、ヒトの勝手な言い草に過ぎない。つまり、蜘蛛が本来不気味なのではなく、不気味なイメージは、一部のヒトたちの脳に映じた幻影に過ぎない。そして、そうした感覚を持つかどうかはヒトによっても違うし、社会によっても異なるのである。最初から不気味なものと決めつけてしまっては、人間が蜘蛛に抱くイメージの、時間的空間的多様性は見えなくなり、過去の心性を解釈する道も閉ざされてしまうであろう。

一　蜘蛛のイメージ

日本における蜘蛛の絵で最も古いのは、銅鐸に描かれた図像であろう。小さな丸い輪に、長い直線を八本引いた単純な図像に、オカルト的なイメージを見るのは難しい。

一方、記紀神話や風土記では、大和政権に服属せぬ首長を「土蜘蛛」と呼び、畏れ蔑んでいる。そこには、人でない獣の力を帯びた異形のカミのイメージがあったにせよ、古代人が蜘蛛嫌いであったとは断定できない。「熊襲」「隼人」という語の存在から、熊やハヤブサを忌み嫌っていたと言えないのと同様である。

以後、まつろわぬ国つカミ土蜘蛛は、中世に妖怪となって能の舞台に甦ってくるまで、姿を現すことはない。この土蜘蛛を除き、日本古代の文献に登場する蜘蛛に負のイメージはない。

たとえば、清少納言は、「見るに異なる事なきものの、文字に書きてことごとしきもの」として、「覆盆子《いちご》。鴨頭《つゆ》草《くさ》。芡《みずふき》。蜘蛛。胡桃《くるみ》。文章博士《もんじょうはかせ》。得業生《とくごうのしょう》。皇太后宮権大夫。楊梅《やまもも》。虎杖《いたどり》」を挙げている（『枕草子』一四八段[4]）。蜘蛛は、彼女にとって、イチゴや文章博士同様に「漢字は大袈裟だけど、実物を見るとどうってことないもの」なのだった。

『枕草子』一二五段では、蜘蛛の巣に白露が散りかかり、朝日に輝いている美しさが描写されている。

> 九月ばかり夜一夜降り明かしつる雨の、今朝はやみて、朝日いとけざやかにさし出でたるに、前栽《せんざい》の露はこぼるばかり濡れかかりたるも、いとをかし。透垣《すいがい》の羅文《らんもん》、軒の上などはかいたる蜘蛛の巣のこぼれ残りたるに、雨のかかりたるが、白き玉を貫きたるやうなるこそ、いみじうあはれにをかしけれ。

こうした情景は今でもしばしば見かけることがある。しかし、これすらも、おそらくは蜘蛛嫌いである論者によれば、「宮廷的な公認された美的素材」ではなく、「普通は見過ごされ、むしろ疎まれるような素材」であり、「むさくるしい感じがしないでもない素材を種に、美を発見した感動とおどろき」を描いて「逆説的な効果」をねらったものだと解釈されてしまうのである。(5)

だが、実際には、蜘蛛は平安時代の和歌や文学に繰り返し題材とされていた。『宇津保物語』には、蜘蛛が巣を張った松の枝に朝露のかかったものを折って、歌を付けて女性に贈る男の話も見られる（「藤原の君」）。

次の歌は、そうした美しいイメージである

白露を玉にぬくとやささがにの花にも葉にも糸をみなへし（紀友則、『古今和歌集』(6)）

「ささがに」とは、蜘蛛のことであり、笹蟹あるいは小蟹との漢字があてられた。「糸をみなえし」は、「たて糸をかける」と「女郎花」を掛けたものである。蜘蛛が巣をはる様子は、ギリシャ神話のアラクネに同じく、日本でも機織りに見立てられた。

ささがにの巣がく糸をや秋の野に機織る虫の経緯《たてぬき》にする（『和泉式部集』(7)）

機織虫とは今のきりぎりすのこと。織物に精を出す蜘蛛と機織虫を並べた楽しい歌で、『金葉集』にも顕仲卿女による類似の歌がある。共に女性作家の歌であるが、機織りは古来、女性労働のイメージが強かった（実態は必ずしもそうではなかったが）。それゆえ、蜘蛛には女性のイメージがつきまとう。

二　蜘蛛に寄せる恋の歌

一方、蜘蛛を詠んだ歌は恋の歌が多い。有名な『日本書紀』允恭八年の衣通姫《そとおりひめ》の歌、

わが背子が来べき宵なりささがねのくものおしなひ今宵しるしも

が最も古く、蜘蛛に寄せる恋の歌の本歌となっていく。衣通姫が一人で帝を恋い待つ夕べ、「わが背の君が来るべき宵です。ささがねの蜘蛛が、今宵はさかんに巣をつくっていますから」とつぶやいたところ、本当に帝がやってきたという話である。この歌は『古今和歌集』にも少々文言を変えて収録されている。さらに、『栄華物語』「蜘蛛のふるまひ」の章にも採録されている。

この歌からわかるように、古代には、女が一人で男を待っている夜、蜘蛛が巣を作っていれば恋する男が必ずやってくるという俗信があって、女たちの間で信じられていたようだ。和歌の世界で蜘蛛を詠んだ歌の多くは、恋を連想させるものとなる。

平安時代の和歌で、蜘蛛の歌は、女性作家によって多く詠まれている。表4は、八代集に登場する蜘蛛の歌を示したものである。男性歌人の多い勅撰集の中で、蜘蛛を詠んだ歌の半数以上が女性歌人の歌である。その多くは「待つ恋」の歌で、女性の歌は特に、多くが衣通姫の歌の流れを汲んでいる。

このことは、古代の婚姻形態と深い関係がある。奈良時代頃までは妻問婚が行なわれた。また、平安時代の十世紀からは婿取婚が行なわれ、かつ一夫多妻多妾制となったため、夫に据えられた妻以外の複数の妻たちが夫を待たねばならず、夫が来なくなれば夫婦関係は終わった。そうした女たちの精神史のなかに、蜘蛛の占いは実質的な意味を持

表4　八代集に見える蜘蛛の歌

歌集	宣下年次	部	作者	詞書	歌
古今	九〇五	物名	紀友則	をみなへし	白露を玉にぬくとやささがにの花にも葉にも糸をみなへし
		恋	不詳	（なし）	いましはとわびにし物をさゝがにの衣にかかりわれをたのむる
		墨滅歌	衣通姫	衣通姫の、ひとりゐて帝をこひたてまつりて	わが背子がくべきよひなりささがにの蜘蛛のふるまひかねてしるしも
後撰	九五一	雑	女	つらかりける男のはらからのもとに遣しける	ささがにの空にすがける糸よりも心細しや絶えぬともへば
			男	かへし（右の歌へ）	風ふけば絶えぬと見ゆる蜘の糸もまたかきつかでやむとやはきし
		雑	不明	つらかりける男に	たえはつるものとはみつゝ笹がにの糸をたのめる心細さよ
			不明	かへし（右の歌へ）	打ち渡し長き心はやつ橋のくもでに思ふことはたえせじ
拾遺	一〇〇五頃成立	秋	曽根良忠	三百六十首の中に	秋風は吹きなやぶりそ我が宿のあばらかくせる蜘のすがきを
		雑秋	源順	屏風に七月七日	棚機は空に知るらむささがにのいとかくばかりまつる心を
後拾遺	一〇七八か	哀傷	土御門右大臣女	右大将通房身まかりて後、ふるくすみ侍りける帳の内に蜘蛛のいかきけるをみてよみ侍りける	別れにし人は来べくもあらなくにいかに振るまふささがにぞこは
		恋	馬内侍	だいしらず	蜘蛛手さへかきたへにけるさゝがにの命を今はなにゝかけまし
		雑	斎宮女御	題しらず	大空に風まつほどのくものいの心ぼそさを思ひやらなむ
		雑	東三条院	返し（右記斎宮女御の歌に対して）	思ひやるわが衣手はさゝがにのくもらぬ空に雨のみぞふる
		秋	藤原長能	だいしらず	さゝがにのすがくあさぢの末ごとにみだれてぬける白露の玉

後拾遺		恋	清原元輔	あり所しらぬ女に	さゝがにのいづくに人はありとだに心細くもしらでふるかな
金葉	一一二四	秋	顕仲卿女	はたおりといへる蟲をよめる	ささがにのいと引かくる叢にはたをる虫のこゑぞきこゆる
		秋	神祇伯顕仲	（なし）	ささがにの糸のとぢめやあだならむ綻びわたる藤袴かな
		恋	相模	野分したりけるにいかがなどおとづれたりける人の其後又音もせざりければ遣しける	荒かりし風の後より絶えぬるは蜘手にすがく糸にやあるらむ
		恋	皇后宮美濃	（なし）	かきたえて程はへぬるをささがにの今はこころにかからずもがな
		恋	大江公資	女のがりつかはしける	しの薄上葉にすがく蜘蛛のいかさまにせば人なびきなん
詞花	一一四四	秋	橘元任	七月七日式部大輔資業がもとにてよめる	萩の葉にすがく糸をもささがにの棚機にとやけさは引くらむ
千載	一一八三	雑	源俊頼	掘河院御時百首歌たてまつりける時、述懐の歌によみてたてまつりける	（長歌）…さゝがにのいかさまにてもかきつかむ…
新古今	一二〇一	雑	俊頼朝臣	述懐百首歌よみ侍りけるに	ささがにのいとかかりける身の程を思へば夢の心地こそすれ
		雑	僧正遍正	夕暮に蜘蛛のいとはかなげにすがくを、常よりもあはれと見て	ささがにの空にすがくも同じことまだき宿にも幾世かは経む
		恋	右大将道綱母	（なし）	吹く風につけても問はむささがにの通ひし道は空に絶ゆとも

っていて、単なる歌題に留まらなかったと考えられる。

蜘蛛に寄せる恋を詠んだ歌は、とりわけ、摂関全盛時代の王朝女性文学者に好まれ、物語文学にもしばしば登場した。和泉式部も蜘蛛の歌を複数詠んでいて、その歌集には恋の歌とそうでない歌、合計十二首の蜘蛛の歌がある。また、「待つ女」の代表選手・藤原道綱母の『かげろふ日記』(8)とその歌集も、十首の蜘蛛の歌を載せている。『かげろふ日記』は、藤原兼家の二番目の妻の藤原道綱母が、情薄い夫の来訪をひたすら待つ人生の悲惨を綴った日記である。摂関期は、婿取婚の時代であった。女性にとってこの婚姻制度は、他家に嫁ぐ苦労をしなくてよかったものの、ひたすら夫の来訪を待たねばならず、夫の方は複数の女たちの間を行き来するという甚だ不公平なものであり、特に次妻以下の立場は辛いものだった。こうした次妻の境遇の藤原道綱母にとって、蜘蛛に寄せる恋の歌は心情を表現するのにふさわしいものだったであろう。

ところで、『かげろふ日記』に収録された蜘蛛の歌は、意外なことに、息子の道綱が女性に贈った恋歌が多い。たとえば、

　夕されの閨のつま〳〵ながむれば手づからのみぞ蜘蛛もかきける

「夕暮れの閨をながめていたら、蜘蛛だって自分の手で網をかけていましたが」という歌で、言外に「あなたも自分の手で手紙を書いて下さい」という含みがあり、さらに「蜘蛛の吉兆」を踏まえている。これについて、角川文庫『蜻蛉日記』[9]の注釈は、「（衣通姫の）歌を踏まえ、男女を置き代えている」と説明している。まさに、ここで道綱は男女の立場をひっくり返している。蜘蛛に寄せる恋歌の文脈の中では、部屋で蜘蛛が巣を作るのを見て恋人の来訪を占うのは女の方である。彼の歌は当時としてはあまり「男らしくない」歌だったと思われる。

男性の場合、たとえば藤原実方も蜘蛛の歌を女に贈っているが、その内容は、

　ささがにのくものいがきの絶えしより来べき宵とも君は知らじな（『実方集』）

すなわち「長く途絶えていたけれど、今宵、私が再訪するとはあなたは知らないでしょうね」という内容で、訪問する男の側から詠んだ蜘蛛の歌である。また、『源氏物語』帚木の、いわゆる雨夜の品定めの場面では、藤式部丞が、昼にニンニクを食べた女の許から退散する際、女から「昼間の匂いが消えたら来て下さいね」と言われ、

さゝがにのふるまひしるき夕暮れにひるますぐせと言ふがあやなき

すなわち「蜘蛛の振舞の顕著な（私の訪問が明瞭な）夕暮れであるのに、昼間を過ごして（ひるの香が消えてしまってからを掛けている）来いとは、筋目が通らぬことである[10]」と詠んでやったという話がある。これも、訪問する男性の側に身を置いた歌である。

三　蜘蛛の吉兆

蜘蛛が、人の来訪を告げる吉兆であるのは、男女の仲に限ったことではない。これについては、網野善彦・大西廣・佐竹昭広編『鳥獣戯語[11]』が、いくつかの例を挙げている。現代でも、夜蜘蛛は縁起が悪く、朝蜘蛛はよいなどという俗信があるが、近世初頭までの記録では、時刻に関わらず蜘蛛を吉兆としたようだ。たとえば長門本『平家物語』では、鬼界ケ島に流された平康頼が、次のように語っている。

入道が家には蜘蛛だにもさがりぬれば昔より必悦を仕候。今朝の道に小蜘蛛の落かゝり候つるに、権現の御利生にて…

平康頼の家には蜘蛛が下がると良いことがあるといういい伝えがあり、今朝、蜘蛛が自分に落ちかかってきたので、必ずや権現の利益があると言う。まさにその日、康頼らに迎えの船が来たのであった。『鳥獣戯語』はこの他にも、室町末期から江戸初期の文献から、蜘蛛が下がってきたり、衣についたりすると、吉事が来るという例を挙げている。恋歌の世界でも、衣に着くのを吉兆とする歌、

いましはとわびにし物をさゝがにの衣にかゝりわれをたのむる（読み人知らず、『古今和歌集』）

また、下がってくるのを吉兆とする歌、

さがり糸をみるぞ嬉しきさゝがにのくる人つぐる筋と思へば（『永久四年百首』）

双方が見いだせる。[12]

こうした俗信は、中国の古い思想に由来する。中国では古く、蜘蛛を「喜母」「喜子」などと呼び、人の衣につくと親しい客が来訪し、喜び事がある吉兆とされた。たとえば『採蘭雑志』『開元天宝遺事』『酉陽雑俎』など、多くの文献に見られる。鎌倉時代の日蓮は、「天台大師（智顗）云、蜘蛛下喜事来、鳱鵲鳴行人来[13]」と述べている。カササギ（鵲）も、蜘蛛と並んで人の訪問を予言する吉兆であるが、日本にはあまり生息しなかったので（九州の一部に生息）、吉兆としては定着せず、その分、蜘蛛の方が親しまれたのだろう。他方、カササギが多く生息する韓国では、古くから人の来訪を告げる鳥として愛されてきた。[14]東アジアの漢字文化圏において、中国発の吉兆が、それぞれの風土に合った形で定着し、カササギのいない日本の古代では蜘蛛が、豊かな文化的展開を見せたのである。

四　蜘蛛と織姫

カササギは、中国では七夕の夜に天の川に橋をかける鳥とされ、その伝承は朝鮮や日本に伝わった。これは、人の来訪を約束する吉兆としての性格と無縁ではないだろう。そして実は、蜘蛛も七夕と大いに関係がある。

小南一郎『西王母と七夕伝承[15]』は、中国の七夕行事である乞巧奠《きっこうてん》について詳述している。六朝時代半ばの『荊楚歳時記[16]』には、七夕の夜、家々の女性たちが色糸を結んで七本の針に通し、庭の真ん中に机と筵を置き、酒肴や瓜を備え、機織の巧みさを祈り、もし瓜の上に喜子が網を掛ければ、その望みが叶うとされた、とある。唐代の『開元天宝遺事』には、七夕の晩、宮女たちが蓋物の中に蜘蛛を入れ、翌朝、きれいに網を張っていれば織物が上達するしるしとした、とある。このような、七夕に蜘蛛に機織の巧を祈る風習は、宋代の開封、明代の蘇州でも都市の住民に受け継がれていた。

この風習は、そのまま日本に根付いたとは言えないようだ。しかし『江家次第[17]』には、「荊楚歳時記曰…」として右の記事が引用されている。また、鴨長明作に仮託された『四季物語[18]』には、「七夕の御まつりは…姫ぐもとてさゝやかなる蜘蛛の、その机物、あるは願の糸に圍《い》をひきぬるを圖《ず》として、私の願かなへりとすることなるべし」とあり、その存在が確認される。また、和歌の世界では、

七月七日、ひきたりける糸にくもの巣かきけるを見て
さゝがにの諸手にいそぐ七夕の雲の衣は風や吹くらむ
七夕のくべき宵とや小蟹《ささがに》の蜘《くも》のいかくもしるくみゆ覧（『実方集』）

との詞書に見られるように、七夕に飾った糸に蜘蛛が糸を張ることが、特別な感慨を持って詠まれている。これと全く同じ話が、『小大君集』にも収められている。

さらに、織姫自体が、蜘蛛イメージと重ねられている。ラフカディオ・ハーンは、織姫を蜘蛛姫《ささがに》と呼ぶ地方があると報告しているし[19]、また『大言海[20]』も織姫を「ささがに姫」と呼んだ例を挙げている。七夕の日に蜘蛛が詠まれることは多い。

さゝがにのくもでにかけてひく絲やけふ織女にかさゝぎの橋（西行『山家集』）
彦星の船出しぬらん今日よりは風吹きたつな蜘蛛のいとすぢ（『和泉式部集』）

五　妖怪イメージの登場

南北朝期頃になると、文献の上に妖怪としての蜘蛛が見られるようになる。まずは、源頼光が蜘蛛の化け物を退治した話である。成立年代は確定していないが、南北朝頃の作と言われる絵巻物『土蜘蛛草紙』[21]は、現存最古の化け蜘蛛の画像であろう。絵巻の詞書には「山蜘蛛」とあるので、『土蜘蛛草紙』というのは後からつけられた名であり、本来は『山蜘蛛草紙』とすべきであろう[22]。ここで、頼光とその家臣の四天王は、次々に奇妙な姿の化物に会い、最後に塚から大きな山蜘蛛を発見して退治するのであるが、登場する化物の多くが女性の姿をしているのが特徴である。

それにしても、この絵はどうも蜘蛛らしくない。足が頭胸部ではなく腹から生えていて、それもバッタのような昆虫の足である。そのためか、スタイルがカマドウマに近い。子蜘蛛に至っては、足が六本しかない。

また、『太平記』巻二三「大森彦七が事[23]」にも、大きな寺蜘蛛《やまぐも》の化物が天井から降りてきて、人々を縛る話がある。

さらに、謡曲『土蜘[24]』は、日本人の蜘蛛イメージに後世に至るまで大きな影響を与えた。ストーリーは先に見た絵巻物と同様であるが、これまで「山蜘蛛」と言われてきた蜘蛛の化物が「土蜘蛛」と呼ばれるようになり、古代のヤマト王権にまつろわぬ王たちであった土蜘蛛が、なお恨みを抱いた鬼神として復活し、再度、退治される物語に再構成されたのである。『御伽草子』にも「土蜘蛛[25]」が採録され、やはり古代に滅ぼされた葛城山の土蜘蛛が復讐しようとした話になっている。

では、和歌の世界の蜘蛛はどうなったであろうか。鎌倉から南北朝期に至る勅撰集である十三代集にも、表5に見られるように、蜘蛛の歌が収録されている。ここでは、まだ、蜘蛛の振舞を「哀れなり」とする感性が維持されてい

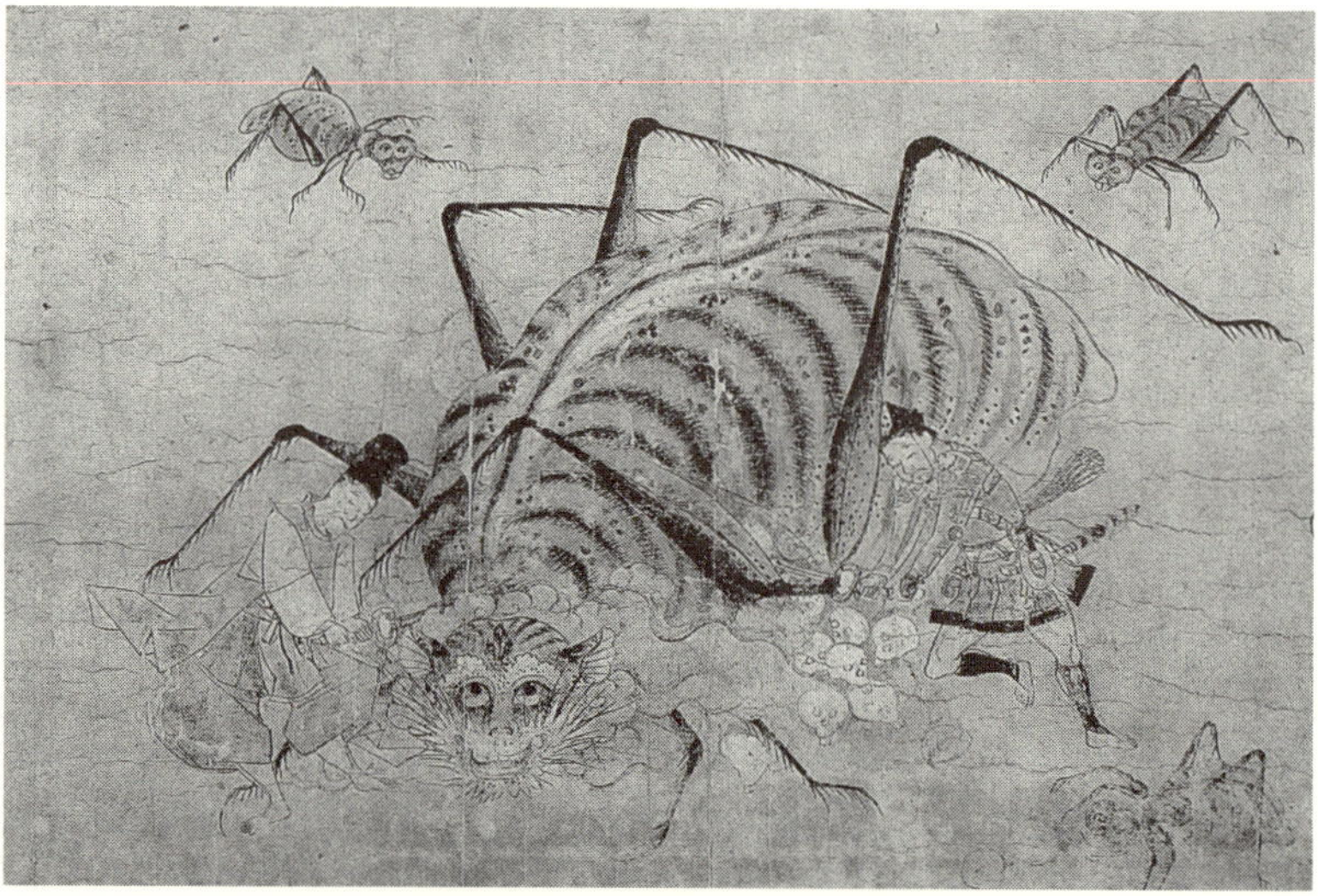

図４　『土蜘蛛草紙』に登場する山蜘蛛の化け物

た。しかし、前代の八代集と比べて特徴的なのは、まず古歌の採録が多いこと、また『寄㆓蜘蛛㆒恋』は百首歌などで歌題の一つとして詠まれたものが多く、実際に蜘蛛のふるまいを見て詠んでいないこと、さらに作者に男性が多いことである。勅撰集全体に女性歌人が減った点も考慮せねばならないが、それでも蜘蛛に「待つ恋」を詠む女たちの表現は後退した。その時期は、女性がもはや夫を待たなくなり、嫁に行くようになった時代と重なっている。蜘蛛に寄せる恋は、実質的な基盤を失っていたのだろう。

そして、鎌倉時代に詠まれた次の歌は、中世における蜘蛛イメージの変質を伺わせる。

絶えねばと思ふも悲しさゝ蟹の厭はれながらかゝる契は
（藤原為家『風雅集』）

小蟹《ささがに》の厭ひしかひもなき世哉斯《かなかく》てもなどか苦しかるらむ
（信生法師『新拾遺集』）

ささがにの「糸」に「厭」を掛けることは、これまでなかったことであり、蜘蛛が厭われる存在となってきたことがわか

表5　十三代集に見える蜘蛛の歌

歌集	宣下年次	部	作者	詞書	歌
続古今	一二五九	恋	允恭天皇	衣通姫のくものふるまひとよみ侍る歌を聞かせ給ひて	小車の錦の紐をときかけてあまたは寝ずなたゞ一夜のみ
		恋	不詳	紫式部がもとへ文遣はしける返事をたまさかにのみし侍りけるがなほかきたえにけるに遣はしける	をり〳〵にかくとは見えてさゝがにの如何に思へばたゆるなるらむ
		恋	紫式部	（右記の歌への）かへし	霜がれの浅茅にまよふさゝがにのいかなるをりにかくと見ゆらむ
玉葉	一三一一	夏	宮内卿	後鳥羽院に五十首奉りけるに	しづがふくあやめの末をたよりにてすみかならぶる軒のさゝがに
		旅	安嘉門院四条	参河の国八橋を通るとて	さゝがにのくもであやふき八橋を夕暮かけて渡りかねぬる
		恋	女御徽子女王	（なし）	さゝがにのいとはるかなる雲居にも絶えむ中とは思ひやはせし
		雑	後嵯峨院	題しらず	さゝがにのくものふるまひ哀れなり是れも心のすぢは見えつつ
		雑	土御門院	蟲十首御歌の中に	軒ちかき籬の竹の末葉よりしのぶに通ふさゝがにの絲
続後拾遺	一三二三	雑	前大僧正明尊	僧都遍救戒牒をあつらへて侍りけるを返しつかはすとて	家の風吹き絶えにしをさゝがにのいか様にかはかきもつぐべし
風雅	一三四四頃	雑	前大僧正慈鎮	雑歌の中に	さらぬだに心細きをさゝがにの軒に絲ひく夕ぐれの空
		雑	深心院関白前左大臣	百首歌読み侍りけるに	四阿屋のまやの軒端に雨過ぎて露ぬきとむるさゝがにの絲
		恋	前大納言為家	宝治の百首の歌に、寄虫恋	絶えねばと思ふも悲しさゝ蟹の厭はれながらかゝる契は
新千載	一三五六	恋	権大納言実明女	百首歌奉りし時寄蜘蛛恋	頼めてもくる宵かたきさゝ蟹の絲の乱れて物をこそ思へ
		恋	内大臣	（なし）	頼むべき習ひはしらぬ夕暮も心にかゝるさゝがにの絲

新千載		恋	二条太皇太后宮大弐	久しう音せぬ人に	小蟹の蛛手にさこそ問はずともかくかきたえむ物とやは見し
新拾遺	一三六三	恋	入道二品親王法守	百首の歌奉りし時	待ちなれし夕暮ごとにさゝがにのいとも苦しくものをこそ思へ
		恋	前中納言基成	題しらず	さゝがにの絲かき絶えし夕より袖にかゝるは涙なりけり
		雑	信生法師	世を捨てて後猶のがれえぬ事のみ侍りければ	さゝがにの厭ひしかひもなき世かなかくてもなどか苦しかるらむ
		雑	花山院	題しらず	（長歌）…絶えなむことはさゝがにのいとうらめしき…
新後拾遺	一三七五	雑春	後三条入道前太政大臣	文保の百首の歌奉りける時	さゝがにの雲のはたての郭公来べき宵とや空に待つらむ
		恋	後光厳院	延文の百首の歌召されけるついでに寄蛛恋を	さゝがにの蛛のふるまひ兼てよりしるしも見えば猶や頼まむ
		恋	権大納言為遠	（なし）	かねて憂き心づくしとなりにけり頼みをかくるさゝがにの絲
		恋	入道二品親王覚誉	延文百首の歌奉りしに寄蛛恋	忘れてし人は軒端の草の葉にかけても待たず蜘蛛のふるまひ

（新勅撰，続後撰，続拾遺，新後撰，続千載，新続古今にはなし）

る。しかし、和歌の世界で蛛蛛を詠むことは、近世になっても細々と続き、掛詞として、あるいは巣の美しさが詠まれていく。中世以降の日本で、蜘蛛は、両義的な存在となったのである。また、全国の民間では、蜘蛛に相撲を取らせて楽しむ習俗が伝わる一方で、朝蜘蛛、夜蜘蛛の俗信も広く信じられた。

説話や伝説の蜘蛛も次第にそのイメージを転換させた。それについても、前掲の『鳥獣戯語』[26]が多くの例を挙げている。たとえば「賢淵《かしこぶち》」「おとろしが淵」など各地の淵や滝に伝わる伝承では、水蜘蛛は人を淵に引き込む恐ろしい妖怪である。江戸初期の『御伽物語』[27]には「くも人をとる事」「百物語して蜘の足をきる事」などの恐しい話がある。

おわりに

現在の日本では、多くの地域で夜蜘蛛は縁起が悪い（泥棒、悪魔の使い）とされ、反対に朝蜘蛛は縁起がよいとされる。また、その逆もある。[28]私が一九九〇年代初頭に四国を中心とする西日本の若者たちに聞いたところ、当時の多くの若者たちがこの俗信を知っていた。中には、朝夜を問わず、蜘蛛を神様の使いとする地域もあり、こちらの方が古形と考えられるが、では何故に夜と朝の分離が生じたのだろうか。問題である。

P．ヒルヤード『クモ・ウォッチング』[29]には、世界の蜘蛛の神話や俗信が紹介されている。日本と似た俗信が世界の他地域にもあることに驚くとともに、蜘蛛を嫌う社会、崇める社会など、多様なパターンのあることがわかる。また、蜘蛛の文化誌的研究では、錦三郎『飛行蜘蛛』[30]（笠間書院、二〇〇五年）、斎藤慎一郎『蜘蛛』[31]（法政大学出版会、二〇〇二年）、が網羅的で優れた研究である。蜘蛛のふるまいは、人間のファンタジーをかき立てる何かがあるのだろう。それにしても、隣の小さな他者に対して、嫌悪や恐怖を抱く精神性は楽しいものとは言えまい。嫌悪や恐怖の文化より友好的な文化の方が、人生は楽しいに決まっている。

註

（1）小林準治『手塚治虫昆虫図鑑』講談社、一九九二年。

（2）石上堅『日本民俗語大辞典』桜楓社、一九八三年。
（3）佐藤マサ子「蜘蛛」『国文学――解釈と教材の研究』三九―一二（特集「古典文学動物誌」）、一九九四年。
（4）松尾聰・永井和子校注訳『枕草子』「新編日本古典文学全集」、小学館一九九七年。
（5）三田村雅子「『枕草子』の美」『図説日本の古典6――蜻蛉日記・枕草子』集英社、一九七九年。
（6）窪田章一郎校注『古今和歌集』角川文庫、一九七三年。以下、『古今和歌集』は同書による。
（7）清水文雄校注『和泉式部集・和泉式部続集』岩波文庫、一九八三年。
（8）柿本奨校注『蜻蛉日記』角川文庫、一九六七年。なお「かげろふ」とは何かということについては三つの説があり、昆虫のカゲロウ（蜻蛉）説、陽炎説、そして蜘蛛が空を飛ぶ時に出す糸（遊糸、雪わたり）とする説がある。蜘蛛の糸とする根拠は、順徳院『八雲抄』に『遊士日記』と記されていることである。これを受けて、川口久雄校注『かげろふ日記』（『土佐日記・かげろふ日記・和泉式部日記・更級日記』「日本古典文学大系」岩波書店、一九五七年）は、蜘蛛の糸説に立つ。英訳でも、Edward Seidensticker《The Gossamer Years》published by Charles E. Tuttle Company, Inc. of Rutland, Vermont, and Tokyo, 1994. は、遊糸（ゴサマア）と訳している。
（9）柿本校注前掲註（8）『蜻蛉日記』。
（10）山岸徳平校注『源氏物語』一、「日本古典文学大系」、岩波書店、一九五八年。八四頁、注一。
（11）網野善彦・大西廣・佐竹昭広編『鳥獣戯語』〈いまは昔　むかしは今〉3、福音館、一九九三年。
（12）以上二つの歌は、ともに大槻文彦『大言海』（冨山房、新訂版、一九五六年による）が、「ささがに」の用例として挙げている。
（13）「日蓮書状」『日蓮聖人遺文』、文永五年（一二六八）十月十一日、『鎌倉遺文』一〇三一〇号。
（14）たとえば、卜孝根「かささぎの餌を残す心」、朴寅基編・早川嘉春訳『韓国心の旅』、花伝社、一九九二年。
（15）小南一郎『西王母と七夕伝承』平凡社、一九九一年。
（16）宗懍著・守屋美都雄訳注『荊楚歳時記』平凡社、一九七八年。
（17）『江家次第』巻八「七月乞巧奠事」に、「荊楚歳時記七月七日、牽牛織女会天河、此則其事、家々婦結綵縷、穿七孔針、或金銀鍼石為針、設於瓜果於庭中以乞巧、有蟢子、羅於瓜果上則以為得巧」とある（故実叢書編集部編『江家次第』「改訂増補故実叢書」二、明治図書出版、一九九三年）。
(18)『続群書類従』三三上（続群書類従完成会）、『古事類苑』動物部十五（吉川弘文館、一九九九年）。
(19) 網野善彦・大西廣・佐竹昭広『瓜と龍蛇』〈いまは昔 むかしは今〉一、福音館、一九八九年。
(20) 大槻文彦『大言海』（冨山房、一九五六年）「ささがに」の用例。
(21) 上野憲示「『土蜘蛛草紙』について」『土蜘蛛草紙・天狗草紙・大江山絵詞』（続日本絵巻大成19）中央公論社、一九八四年。
(22) 拙稿「山蜘蛛から土蜘蛛へ」、佐藤和彦編『中世の内乱と社会』東京堂出版、二〇〇七年。
(23) 山下宏明校注『太平記』四、新潮社、一九八五年、二八頁。
(24) 横道萬里雄・表章校注『謡曲集』下、岩波書店「日本古典文学大系」、一九六三年。
(25) 石川透『慶應義塾図書館蔵　図解・御伽草子』慶応義塾大学出版会、二〇〇三年。
(26) 前掲註（11）書。
(27) 野間光辰校訂『御伽物語・仮名草子』古典文庫六五、一九五二年。
(28) 川名興・斎藤慎一郎『クモの合戦──虫の民族誌──』未来社、一九八五年。斎藤慎一郎『蜘蛛』法政大学出版会、二〇〇二年。鈴木棠三『日本俗信辞典──動・植物篇──』角川書店、一九八二年。常光徹『学校の怪談──口承文芸の展開と諸相──』ミネルヴァ書房、一九九三年。
(29) P. ヒルヤード著、新海栄一・池田博明・新海明・谷川明男・宮下直訳『クモ・ウォッチング』、平凡社、一九九五年。
(30) 錦三郎『飛行蜘蛛』、笠間書院、二〇〇五年。
(31) 斎藤慎一郎『蜘蛛』、法政大学出版会、二〇〇二年。

第四章　運慶願経にみる運慶の妻と子――女大施主と阿古丸をめぐって――

はじめに

運慶は、平安末から鎌倉初期にかけて、多くの優れた仏像を遺し、美術史上に革新をもたらした仏師である。運慶の家族については、比較的、その記録が残っており、父であり師でもある康慶、息子であり弟子でもある湛慶らと、七条院女房として出仕した如意という娘が知られている。

運慶が、家族に関する情報を遺しているのは、当時、世襲による「仏師の家」が形成されていて、彼がその嫡流であったことが大きく影響していよう。運慶と常に並び称される快慶の家族が全く不明であるのは、快慶が康慶の弟子の一人に過ぎず、「仏師の家」を継ぐ立場にいなかったからである。

だが、運慶の妻については、これまで全く注目されてこなかった。後年、嫡子湛慶は父母の菩提のために丈六阿弥陀如来像を造立しており、運慶には糟糠の妻があったと考えられる。多くの門弟を抱える「仏師の家」の妻として、天才運慶を支えた妻は、どのような人物だったのだろうか。

ここに、運慶願経《うんけいがんきょう》と呼ばれる史料がある。運慶の発願によって書写された法華経であり、第八巻の奥書には、運慶がこの経を書写した経緯が詳しく書かれている。

その各巻の奥には、願主の名が次のように記されている。

願主僧運慶并女大施主阿古丸

これを見て、私は、この経の願主は「僧運慶」と「女大施主」と「阿古丸」の三人であると読み、運慶は、妻とまだ幼い息子と共に願主になったものと解釈した。このように、夫婦と子が共同で願主となり、名を連ねた例は、平安末から鎌倉時代の古文書にしばしば見られるからである。

ところが、この部分の読み方について、現在、世間一般に流布しているのは、異なる解釈であった。たとえば、一般の美術愛好家などに広い読者層を持つ雑誌『芸術新潮』の「大特集　運慶　リアルを超えた天才仏師」（山本勉解説(1)）には、運慶願経《うんけいがんきょう》の奥書の写真が大きく見開きで掲載されており、次のようなキャプションが付せられている。

女大施主として登場する阿古丸（あこまる）は傀儡子（人形遣い）の過去を持ち、のちに貴族の妻となった人物とも(2)。

すなわち、このキャプションでは、「女大施主阿古丸」を続けて読み、「女大施主」イコール「阿古丸」と解釈されている。しかし、一般的に、「丸」のつく名は男児の童名である。また、「女大施主」が傀儡子《くぐつ》であったという説は、いかにも唐突な感じがするが、そのような史料があるものだろうか。きわめて疑問が多い。

ところが、このような説が、運慶の多くの伝記で採られているのである。そのいくつかを次に掲げよう。

運慶は法華経の書写を発心し写経に使う紙まで整えたが、なかなか書写に至らず、もう一人の女大施主、すなわち傀儡師という興味深い説もある阿古丸という女性の協力を得て、ようやく運慶分と阿古丸分の法華経二部の経書写が始められるようになったのである。

（根立研介「大仏師運慶の生涯」[3]）

安元年中に発心を起こしながら、書写事業が遅れていたこの法華経は、傀儡師…という興味深い説…もある「女大施主」の阿古丸の協力を得ることによって実現の運びとなる。運慶と阿古丸は協力して、二人で一部ずつ担当して、都合八巻二部の法華経が寿永二年（一一八三）四月から六月にかけて書写された。

（根立研介『運慶　天下復夕彫刻ナシ』[4]）

また、さすがに傀儡子説には言及していなくても、女大施主＝阿古丸という読みは、共通した理解のように思われる。

女大施主阿古丸という未詳の人物が発願した法華経と時を同じくして、運慶の経は僧珍賀が、阿古丸の経は僧栄印が、書写しはじめた。…阿古丸という女性が発願した経と、同時に書写されていることは、運慶個人の私的な理由もあったかもしれない。

（副島弘道『運慶　その人と芸術』[5]）

運慶願経は、運慶が願主となり、「女大施主」の阿古丸の協力を得て寿永二年五月から六月にかけて書写された法華経八巻二部のこと

（根立研介『日本中世の仏師と社会』[6]）

これらを見ると、「女大施主」イコール「阿古丸」という読みは、すでに運慶伝の通説と化しているように思える。なぜ、どのような経緯で、このような解釈がなされるに至ったのか。特に、阿古丸＝傀儡子説は、問題が大きいと思われ、調べてみることにした。

一　運慶願経とは

本論に入る前に、まずは問題の運慶願経について、簡単に説明しておきたい。

運慶願経とは、寿永二年（一一八三）に運慶らの発願で書写された法華経八巻である。このうち、現存するのは二巻から八巻である。

運慶願経が知られるようになったのは、一九三三年、田山信郎が、上野精一の所蔵になる第八巻を調査し、世に紹介したのが最初である(7)。その後、京都の真正極楽寺より、二〜七巻が発見され、現在では第一巻を除く全てが伝存している(8)。

それぞれの巻には奥書が記されているが、特に第八巻の最後には長い奥書が付けられていて、この経に関する情報をいろいろと得ることができる。いま、我々はこの奥書を容易に目にすることができる。まず、田山信郎の論文(9)では、写真版とともに全文が紹介されているし、くだんの『芸術新潮』など運慶を扱う多くの本に写真が載せられ、釈文は『平安遺文』題跋編(10)にも採られているが、ここでは、行論の都合上、便宜、掲載しておきたい。

寿永二年歳次癸卯六月五日戊戌辰時始之、同七日庚子酉の時書畢、

願主僧運慶并女大施主阿古丸　執筆僧珍賀

抑大願為体、書写経二部也、其内此経者、去安元年中之比発心、語色紙工、沐浴精進、令着浄衣、殊吸（汲カ）霊水、奉儲料紙畢。其後、自然送年序。而間、宿願開発、今年四月八日壬寅、初打紙。爰女大施主・阿

古丸、又発心、相語色紙工、精進如前儲料紙、同時打紙、同二八日壬戌功畢。同二九日癸亥、請二人書手、
同日同時点両筆、書写間、計毎日行数、勧男女行別三度礼拝勤之。同唱宝号幷念仏、随分納三業其中。
於書手二人珍賀栄印者、沐浴闕日殊致精誠、例事懺法无怠、所志行儀者、半如法也。如此功畢。件硯水者、
三ケ所之霊水也（一所横河根本水、使者同住僧宗實、一所薗城寺水、使者聖人快尋布施料紙一帖、一所清水寺
水、使者僧康円三ケ度取之）。
筆始講師薗城寺住郷阿闍梨云々、軸作源兼弘、軸座作銅細工源友正、表紙作、紐織、書写間、為悪魔降伏、毎日三
時供養法四十五箇日幷法華経十部僧快尊行法也、御交読二部僧尊光、又依夢想之告、軸身料ニ東大寺焼失之柱残木取之、六
月四日丁酉辰時、取木、同日戊時到来、使者最智法師、御経書写所唐橋末法住寺辺也。

礼拝結縁
持経者康円読誦六十二部書写間給仕人也　良源　林慶非時供勤了　良慶　實慶非時供勤　快慶　寛慶　宗慶　永
智　源慶　宗祐　円慶　院厳　俊慶　仁慶　文珠　静慶　仏性　女増寿　威
力　妣女　禅師　赤王　宇波　松　閇　尊光非時供　蓮仁　源氏女　同福王
岩　阿古　千歳　宇礼支幾　熊王丸非時供勤　乙王丸非時供勤　三郎丸　太郎丸　次郎丸　最
智法師　香安光　同小童　蓮行子　太郎子　源末光　中原宗成非時供　広盛非時供
勝厳非時供　弁源非時供　奈良女礼三百返
已上人々書写間、礼拝五万返、念仏十万返、法華経宝号十万返

在地人々結縁
藤井貞久宝号三千百返念仏三千百返　縁友女宝号三千百返念仏三千百返　紙一帖
藤原氏女家中男女三十人念仏九万九千返、慶千念仏千返
僧幸尊幷伴氏念仏万返　宗岡国貞念仏十万返

僧相慶法華経宝号十万返　筵一枚

（軸木墨書修理銘）

此軸身木者、東大寺焼失柱残也。夢想告云、春日大明神之守護給木也、可奉持之由、或聖人云々、仍奉持之也。
霊木之中極霊木也。若及末代子孫等之中、欲加修理事出来者、此木、不可為疎、
寿永二年癸子六月四日丁酉辰時奉取之、使者最智法師
于時永享六年七月廿日奉加修理者也
康円

ここに書かれたいきさつは、おおよそ次のようなことである。

運慶は、安元年中（一一七五〜一一七七）に写経を思い立ち、色紙工を頼み、沐浴精進して浄衣を着せしめて霊水を汲み、用紙を漉いたのだが、その後、なぜか実行に移さぬままに時を経てしまった。しかし、宿願が消えたわけではなく、寿永二年（一一八三）四月八日に、紙を打ち始めた。このとき、「女大施主・阿古丸」も同じく発心し、色紙工を語らい、同様に精進して紙を打ち、二八日に完成させた。そこで、二人の書き手を頼み、同日同時に書写を開始し、毎日、書写した行数ごとに、男女に勧めて、行別三度の礼拝をさせ、法華経の宝号と念仏を唱えさせた。書手の二人である珍賀と栄印は、沐浴を欠かさず、行法に従って書写に臨んだ。硯の水は、比叡山横川の根本中堂・園城寺・清水寺三カ所の霊水を用いた。また、軸木には、夢のお告げによって、東大寺の焼けた柱の残り木を用いた。

こうした、かなりの人手と時間と労力を使い、多くの人々を巻き込みながら、本格的に精進潔斎して、完成させたのが運慶願経であった。

ここで、問題の「女大施主・阿古丸」は、安元年中に運慶が発心したときにはその姿が見えないが、寿永二年に再開したときには同じく発心し、同じく精進し、同日同時に書写を始め、完全に足並みをそろえた形で写経をしていくのである。わからないのは従来の研究において、これほどまでに心をそろえ、足並みをそろえて、所願成就を祈った男女を、他人、ただの協力者と考えていることである。中世社会における男女の在り方からすれば、まずは夫婦を考えるべきであるし、少なくとも、性的パートナーでもある男女関係が思い浮かぶものである。あるいは、可能性として、いささか特殊ではあるけれども、母と息子や、相愛のきょうだいも、考慮に入れるべきかもしれない。しかし、単なる知り合いとか、友人同士と考えることは、たとえ深い友愛で結ばれていたにせよ、なかなか難しいと思われる。

二　阿古丸傀儡子説はどこからきたか

それでは、次に、阿古丸傀儡子説について検討したい。

阿古丸が傀儡子であったという説は、一九八三年、田中省三の論文「運慶と阿古丸——仏師と傀儡子の世界——」[11]によって世に出された。

一九八三年といえば、いわゆる「社会史ブーム」が言われた時期で、網野善彦・石井進・笠松宏至・勝俣鎮夫による『中世の罪と罰』[12]が出版されるなど、研究者のみならず広い読者層に中世社会への関心が高まり、傀儡子のような芸能の民がにわかに脚光を浴びた年であった。

それでは、田中省造の論文を検討してみよう。

田中はまず、阿古丸という名について、「丸」のつく名は男の名で、女大施主にはふさわしくないという常識的な見解を述べる。しかし、その上で、芸能民ならばあり得ると言う。そして、

「丸」は女性の呼称としても当時の芸能界に一般的にみられるそれであり、「阿古」も古くから芸能の世界に深い関係を持つそれだからである。

と述べ、「芸能界に一般的」である例として、『遊女記』の「河菰姫」と、『二中歴』の「阿古」、「乙阿古」の名を挙げるのである。

だが、これでは、「丸」のつく女性名が「芸能界に一般的」であるという説の例証にはなっていない。「阿古」は、芸能界に限らず、一般的に広く見られる名である。阿古とは「吾子」すなわち愛すべき我が子の意味を持つ名であり、女性なら阿古、元服以前の男児なら阿古丸である。『鎌倉遺文』を見れば、御家人や預所から民衆に至るまで、幅広い階層に阿古、阿古丸を見ることができる。したがって、特に芸能民の名だとするのは当たらない⑬。そもそも、ここで問題にすべきは、「阿古」ではなく、「丸」の方であろう。「丸」がつく名は、一般的には元服前の男児の名であり、女性につけることはない。『遊女記』『傀儡子記』などにも例はないのである。

ただ、田中が注目したように、『梁塵秘抄』に、「鏡山の阿古丸」と「さはの阿古丸」という二人の傀儡子が登場することは事実である。田中氏は、このうちの「鏡山の阿古丸」に着目し、同書の「かがみのやまのあこ丸、とのもりづかさにてありしかば」という部分から、この阿古丸が『公卿補任』建久二年、藤原定輔の項に「中納言親信卿一男。母官仕女（半物阿古丸）」とあるところの、「半物阿古丸」と同一人物であろうと推測したのである。

その根拠は、まず、「とのもりづかさ」は「官仕女」に当たり、「半物」はハシタモノと呼んで下婢を意味する語で、傀儡子出身の阿古丸にふさわしい身分であるということ。次に「半物阿古丸」との間に定輔・仲経・親兼の子を

なした親信は、後白河の近臣で『梁塵秘抄』にも登場する人物であり、鏡山の阿古丸とも知り合いであったこと。さらに、子孫を見れば、子の定輔が後に「催馬楽師伝相承」系図を編んでいること、定輔の子の兼信が『尊卑文脈』に「出家、乞者、獅子舞也」と記されていることなどから、傀儡子の子孫に似つかわしいということ。以上の理由が挙げられているのである。

この考察は興味深い。『梁塵秘抄』の「鏡山の阿古丸」と、『公卿補任』の「半物阿古丸」が同一人物であるという話も、ありえないことではない。推測ではあるが、可能性のある話である。

だが、問題はその次である。田中はこの阿古丸が、運慶願経に登場する阿古丸と同一人物であると推測するのである。ここに、阿古丸傀儡子説が登場する。

田中の説は、次のようなものである。

即ち、「半物阿古丸」の夫の親信は、七条院のオジに当たる。

運慶は、七条院と密接な関係がある。それは、運慶の娘が七条院の女房になっていることである。だから、七条院を介して、運慶は、親信妻の阿古丸とつながりがある。そこで、「こうして運慶が坊門・水瀬流藤原氏の一族、七条院と密接な関係にある以上、女大施主阿古丸は、この一族の親信と結ばれた鏡山の阿古丸その人であると判断されるのである」と結論づけられているのである。

これは乱暴な推論である。親信が七条院のオジで、運慶の娘が七条院の女房ならば、運慶と親信とが知り合う機会はあったであろう。親信妻となった阿古丸とも、知り合う機会はあったかもしれない。だが、ここで、運慶願経に登場する阿古丸と名前が同じと言うだけで、「鏡山の阿古丸その人である」と断言することはできない。名前が同じでも別人かもしれない。さらに、鏡山の阿古丸は、親信妻になった後も、阿古丸と公に名乗っていたのだろうか。『公卿補任』における「半物阿古丸」という記述の「丸」は、身分的な蔑称のニュアンスが感じられる。

そもそも、この論文は、名前が同じならみな同じ人物とする傾向がある。

たとえば、運慶願経の「阿古」は『梁塵秘抄』の「さはのあこまろ」のことであろう。「千歳」は『傀儡子記』『二中歴』に登場する傀儡子と同じ名であり、『平家物語』「祇王」に出てくる「しまのせんざい」を想起させる名である。「宇礼支幾」は『古今著聞集』に出てくる「うれしさ」のことで、もう「いいおばあさんになっていた」ことであろう。「威力」は、『遊女記』の「力命」を連想させる（これはそれぞれ違う名である）。「禅師」は、静御前の母、磯禅師と見てよい。「丸」のつく四人の人物もみな芸能の民とみられないこともない……。

こうして、田中は、

この願経の交名には、傀儡子、遊女、白拍子等芸能の民と名前を同じくする人たちのそれが並んでいるのである。…仮に個々の比定に若干の疑問の余地がのこるとしても、全体として、この願経に芸能の民が結縁していることは疑いえないと思われる。

との結論を導き出すのである。

「仏性」という人物に至っては、楽家豊原氏の一族に仏性という人物がいるという、ただそれだけで、これを豊原氏の人間であると比定し、さらに豊原氏ならば「京都との深いつながりが予想」されるというだけで、仏性は阿古丸の縁者であろうとしている。

運慶の娘「如意」についても、『遊女記』に「如意」という遊女が登場することと、文永年間に「猿楽如意太夫」がいることなどを挙げて、「如意」が芸能に関わる名であるとする。しかし、この「如意」という名も、特に芸能関係者の名というわけではなく、『鎌倉遺文』を見ても、一般的に見られるもので、特に珍しい名ではない。

だが、田中はさらにこの推測を基に、運慶自身が芸能にも携わる存在であった、と結論づけるのである。田中による阿古丸傀儡子説は、こうして、推測の上に推測を何重にも重ねていく方法によって導き出され、ついに運慶自身を芸能民とする可能性を展望して終わりになる。論点は他にもあるが、ここでは、阿古丸傀儡子説が成り立たないことだけを論証した。

ごく最近、二〇一二年七月~九月にかけて、奈良国立博物館で開催された「特別展　頼朝と重源」の図録の解説も、この説に基づいて書かれている。

運慶を援助して写経を可能にした阿古丸は後白河法皇に仕える傀儡師で、『梁塵秘抄』にも登場する。やがて院近臣であった藤原親信と結ばれ、少なくとも三人の子どもをもうけた。親信の姪には七条院（高倉天皇の妃、後鳥羽上皇の母）がいるが、『法華経』を書写した弥賀の孫娘二人は七条院に仕える女房になっており、運慶の娘もそうであった可能性がある。こうしたつながりの中で、阿古丸は運慶を経済支援したと考えられる。

（『頼朝と重源』西山厚解説[14]）

これは、ほとんど田中の論文に依拠しているが、参考文献として挙げられていない。ここに、一つの説が独り歩きをしていく危険性を感じるのである。

三　女大施主は誰か

次に、女大施主と阿古丸を同一人物とする読み方について、検討したい。

「女大施主」とは、鎌倉時代の寄進状や願文などにしばしば見られる言い方で、女性で施主になった人を言う。すなわち、寄進を行ない、仏事を営み、布施をほどこす経済力がある、自分自身の財産を持った大人の女性である。

一方、阿古丸というのは、男児の童名である。一般的に「丸」のつく名は、元服以前の男子の童名であり、先に見た『公卿補任』の「半物阿古丸」は、きわめて稀有な例に属する。

したがって、女大施主イコール阿古丸とは読まない方がよい。運慶願経を読む際には、まずは、「女大施主阿古丸」と続けて読まず、「女大施主・阿古丸」と区切って読むべきである。そうすると、この時の法華経の書写は、運慶が一部、女大施主と阿古丸が一部を書写したということになる。

では、女大施主とは誰なのか。運慶と同日同時に同じ経を書写した女性であるから、単なる知り合いではあり得ない。ただの友人でもあるまい。運慶と深く濃いつながりのある人物でなくてはならない。

「女大施主」の語は、鎌倉時代の古文書にしばしば登場する。ここでは、『鎌倉遺文』の中から、「女大施主」を探して引用してみよう。「女大施主」の部分には、筆者が傍線を付した。

次の史料は、埋納された経筒に、「大施主」と「女施主」の二人の名が刻まれたものである。静岡県沼津市岡一色三明寺にて、一九四〇年、開墾中に発見されたものだという。

奉施入
　百部如法経銅筒一
　　大施主散位伴宗長
　　女施主橘氏
建久七年大歳丙辰九月廿四日

（「百部如法経筒施入状」『静岡県沼津市岡一色三明寺出土（一号経筒）』『鎌倉遺文』補一八八号）

奉施人
百部如法経銅筒
大施主源守包
女施主藤原氏
建久七年大歳丙辰九月廿四日
（「百部如法経筒施入状」『静岡県沼津市岡一色三明寺出土（二号経筒）』『鎌倉遺文』補一八九号）

上津池
百部如法経内
一部　大施主散位紀家重
女施主源氏
建久七年大歳丙辰十月四日
（「百部如法経筒施入状」『静岡県沼津市岡一色三明寺出土（三号経筒）』『鎌倉遺文』補一九一号）

これらの経筒ではいずれも、「大施主　姓名」と書かれた男性と、「女施主　○氏」と書かれた女性とがペアで、如法経に結縁している。この姓の異なる男女のペアは、夫婦であると考えられる。勝浦令子が明らかにしたように、院政期から鎌倉時代において見られる男女ペアの祈願は、夫妻を単位とする夫婦共同祈願が一般的である。[15] たとえば、運慶願経の「在地人々結縁」の中にも、藤井貞久と縁友女の夫婦が共同で結縁しているのが見える。ここで、女施主が○氏と姓を名乗っているのは、当時、女性は実際の名前を公式に名乗らず、姓だけを名乗る習慣があったからである。

次の寄進状も同様に、「信心大法主」である僧蓮慶と「女大施主」がペアで祈願をしている。この二人も共通の子が存在するので、夫婦であることがわかる。ここでは、「女大施主」は、姓すら名乗っていない。

□□堂

奉寄進毎月仁王般若経一百座転読料種子米

　合弐斛者但長合定

右志者、為信心大法主僧蓮慶幷女大施主子□（孫カ）所従等現世安穏息災延命増長福寿、於不空羂索観自在尊幷執金剛神・梵天帝釈・四大天王等御宝前、殊致精誠、所奉寄進之状如件、敬白、

　寛喜三年辛卯五月三日　　　僧蓮慶（花押）

（「僧蓮慶寄進状」『京都大学所蔵文書』『鎌倉遺文』四一三九号）

次の寄進状では、男女二人に子どもと思われる人物が加わっている。

敬白　隅田別宮

奉寄進　御供料并御灯油田事

合参段者

在隅田御庄宮丸名□□□□池尻、

一　大宮御灯油漆升弐合毎月六合宛之、

一　若宮御供米参斗陸升毎日一合可備之、

一　新御堂僧前料米弐斗陸升□月十日・八日二親御月忌料也、

右志者、奉為　信心大施主藤原信能幷女大施主源氏、現世者息災安穏、増長福寿、見病消除、当来成道、三途八難苦器、生九品八葉台、殊抽丹誠奉寄之、但上件田分於公役者、字梅本一町并題明、此等三ケ所田地作人可勤仕之、惣重未来永々時、更不可有違約、仍奉寄進之状如右、

文応元年十一月廿四日

左衛門尉藤原朝臣信能（花押）

孫王女[16]　源氏女（花押）　得夜叉丸

（「藤原信能等連署寄進状」『紀伊隅田八幡社文書』『鎌倉遺文』八五七六号）

ここでは、大施主藤原信能と女大施主源氏女がペアで、夫婦と考えられ、ここに名のある孫王女と得夜叉丸は、二人の子どもであろうか。運慶願経における阿古丸と同様な位置である。

次は、明確に夫婦と子どもの例である。

敬白

今年時盛ノ御いのりの経三人之御分日記事

合

一　奉読誦　心経三百六十巻

一　奉読誦　観世音経三十三巻

一　奉読誦　仁王経三部

一　奉読誦　寿命経九十煕

一　奉読誦　薬師経十八煕

一　奉読誦　北斗経百煕

一　奉唱　大威徳真言二千返

一　奉唱　光明真（言脱カ）二千返

一　奉読誦　法花経三部仁王経二部 観世音経百二十煕

右、件衆為信心時盛幷女大施主幷姫御前三人之御分、一大法之良知、御息災延命事、時盛之現当二施（世カ）、悉地成熟、思所願如心、安隠（穏カ）泰半、恒受決（快カ）楽之故也、

永仁四年大歳丙申十月廿六日　藤原時盛敬白

□□□僧法□□□

（「藤原時盛願文」『信濃福満寺文書』『鎌倉遺文』一九一七一号）

ここでは、藤原時盛・女大施主・姫御前の三人が息災延命のために経を読誦させている。この三人は、やはり夫婦と

子であろう。

以上に見てきたように、「女施主」「女大施主」とは、この時代に多く見られた夫婦共同祈願の際に、夫である「大施主」とペアで用いられた語であった。そうすると、運慶願経の「願主運慶幷女大施主・阿古丸」という部分は、右に挙げたいくつかの例と同様に、運慶とその妻と、子の阿古丸であると解釈されよう。ただ、この場合は、運慶については「信心大施主」とは書かれておらず、妻の方のみ「女大施主」と記していて、夫婦が非対称である。おそらく、経済的には妻の方に依拠していたのであろう。そうであれば、安元年中に発心したものの、しばらく中断していた運慶願経の書写は、妻の参加によって初めて可能になったということになる。

なお、史料の中には、女性であっても「女」をつけず、単に「大施主」とした例もある。天福二年（一二三四）の『東大寺文書』の寄進状には、「大施主比丘尼成阿弥陀仏為領主」とあり[17]、この場合は男とペアではないので、わざわざ「女」をつける必要がなかったものと思われる。

四　阿古丸は誰か

女大施主は運慶の妻であり、阿古丸は運慶夫妻の息子である。すると、阿古丸は誰であろうか。

運慶の息子には、湛慶、康運、康弁、康勝（証）、運助、運雅（賀）がいる[18]。阿古丸は、願経が書写された時点で、まだ元服しておらず、きょうだい中でただ一人、両親と共に願主となった人物である。おそらく、阿古丸は、嫡子の湛慶であろう。

湛慶の生年は、三十三間堂の本尊千手観音像の台座名によって、一一七三年（承安三）であることがわかっている[19]。

すると、運慶が願経書写を発願した安元年間（一一七五〜七七）には、湛慶は二歳から四歳の幼児であり、願経が書写供養された一一八三年（寿永二）には一〇歳であったことがわかる。湛慶は元服前の少年であった。

阿古丸は、湛慶と考えてよいであろう。「愛する我が子」の意を持つ童名は、最初の子どもにふさわしい。また、願経が書写された時点で、他の子どもが生まれていたかどうかは不明だが、両親と三人で願経に名を連ねる子どもは、男女にかかわらず長子である可能性が高い。

後年、運慶もその妻も世を去った後に、湛慶は父母の菩提のために、丈六の阿弥陀如来像を造り、一二二四年（貞応三）八月三日、その御衣木加持を行なっている。この仏像は、八条高倉の地蔵十輪院に安置されたが、文暦年間に、大原来迎院に移されたという。その胎内に収められた湛慶注進状[20]には、「先為二親且為法界生平等利益料所、奉造立也」とあり、父母のためであることが明記されている。

湛慶は、亡き両親の菩提のために自ら阿弥陀如来像を造った。湛慶は、素材となる木を霊山や仏像の古木から取り、明恵や慈円の協力で加持をして集めている。

一〇歳の頃に両親と共に運慶願経の願主となってから、四〇余年の歳月を経て、湛慶は五〇歳になっていた。

おわりに

以上に、運慶願経に登場する女大施主と阿古丸をめぐって考察をしてきた。当時は、夫婦共同祈願が広く行なわれており、「女大施主」は運慶の妻と考えられる。一方、阿古丸は、一般的に元服前の男子名であるので、運慶と女大施主の息子であると考えられ、年齢からして、当時一〇歳の嫡子湛慶であろうと推測した。湛慶は五〇歳を過ぎてから、亡き両親の菩提のために丈六の阿弥陀如来像を造立し、供養した。

歴史上、著名な運慶ほどの人物でも、その妻については看過されてきた。女性史に対する無関心さを感じるものである。

中断していた運慶願経の書写は、「女大施主」の参加によって継続が可能となった。運慶の妻は、夫の法華経書写に資金提供をすることが可能な財力を持つ人物であったことがわかる。そして、夫の法華経書写に賛同し、夫婦そろって心を合わせて、願経を完成させたのである。

運慶は子どもが多く、六人の息子は仏師として活躍した。また、娘が七条院に女房として仕え、越前と称したことが、『古今著聞集』[21]に見えている。運慶は娘の如意に充てた自筆文書を遺している。[22]この如意についても、まだまだ研究すべきことはありそうで、今後の課題としたい。

註

（1）『芸術新潮』二〇〇九年一月号。
（2）同書五九頁、キャプション部分。
（3）上横手雅敬・松島健・根立研介『歴史ドラマランド　運慶の挑戦　中世の幕開けを演出した天才仏師』文英堂、一九九九年、一七一頁。
（4）根立研介『運慶　天下復夕彫刻ナシ』ミネルヴァ書房、二〇〇九年、四〇頁。
（5）副島弘道『運慶　その人と芸術』吉川弘文館、二〇〇〇年、八〇～八一頁。
（6）根立研介『日本中世の仏師と社会』塙書房、二〇〇六年、一六八頁。
（7）田山信郎「運慶發願の法華経」『東洋美術特輯日本美術史』一〇、一九三三年。

（8）林家辰三郎「佛師運慶について―その傳記に關する文獻的考證」『佛教藝術』十三、一九五一年。
（9）前掲（7）論文。なお、田山論文による釈文には、いくつかの誤読が認められるが、次の註（10）の『平安遺文』では修正されている。
（10）「法華経八巻之内」『平安遺文』題跋編、二九六一～二九六七号。
（11）田中省三「運慶と阿古丸―仏師と傀儡子の世界―」『皇學館論叢』十六―四、一九八三年。
（12）網野善彦・石井進・笠松宏至・勝俣鎮夫『中世の罪と罰』東京大学出版会、一九八三年。
（13）一例を挙げれば、『祢寝文書』には、大隅国の御家人佐汰宗親の子息阿古丸が登場し、亡父の遺領をめぐって弟妹と相論に及んだが、判決が出された時点ではすでに元服して定親と名乗っており、「関東下知状」には「可令早　定親〈童名阿古丸〉領知」（『鎌倉遺文』一四三三九号）と書かれている。
また、たとえば、太良荘の預所職に任命された藤原氏女は、童名を阿古と言った。彼女に対し、文永九年に東寺が発行した下文には次のようにある（「東寺下文案」『東寺百合文書ゑ』『鎌倉遺文』一一七二二号）。
下　若狭国太良庄
定補　預所職事
藤原氏女阿古
女性の場合は、成人しても成人名をつけず、大人になっても日常的に阿古、阿古女などと童名で呼ばれていた。しかし、こうした名前は公称するものではなく、一般的に生まれた氏族の姓に「氏女」をつけて、「○○氏女」と称することが多かったのである。これは、預所への補任状に阿古の名が記された珍しい例である。
一方で、願文や、結縁交名など、仏に祈願する文書においては、女性も実際の名を書く場合が多く、阿古のような名も散見される。運慶願経の最後に並んだ結縁者の中にも、「阿古」がいるが、この阿古は女性であり、問題の阿古丸とは別人と判断される。
（14）『頼朝と重源―東大寺再興を支えた鎌倉と奈良の絆』一六六頁、奈良国立博物館、朝日新聞社、二〇一二年。
（15）勝浦令子「院政期における夫と妻の共同祈願」『高知女子大学紀要』三三、一九八七年。のち勝浦『女の信心―妻が出家した時代──』平凡社、一九九五年、所収。

(16) なお、この部分を、『鎌倉遺文』は「孫妻」としているが、別稿で指摘したように「孫王女」の誤りである。源氏女とは別人であり、未詳の人物であるが、藤原信能と源氏女の娘かもしれない。拙稿「『鎌倉遺文』をジェンダーの視点で検証する」『鎌倉遺文研究』七、二〇〇一年。

(17)「藤原氏女田畠寄進状」『東大寺文書』四ノ三十五『鎌倉遺文』四六六三号。

(18) 根立研介「慶派仏師の末裔たちの動向」『日本中世の仏師と社会』塙書房、二〇〇六年。

(19) 前掲（8）論文など。

(20)「湛慶注進状」『来迎院文書』。小林剛『仏師運慶の研究』（奈良国立文化財研究所学報第一冊、一九五四年）所収。

(21)『古今著聞集』巻十六─五四一。

(22)「運慶自筆文書裏書」『早稲田大学尊勝院文書』『鎌倉遺文』一〇八二号、一〇八三号。

第五章　大姫・乙姫考――「父の娘」から「太郎の嫁」へ――

はじめに

「大姫・乙姫」は、姉・妹を示す名である。平安時代以来の日本社会では、きょうだいの長幼を示す名前（排行名）が作られ、男子には「太郎・次郎」、そして身分の高い女子には「大姫・乙姫」の呼び名がつけられた。たとえば、北条政子（実際はこのような呼び方はしなかった。平政子が正しい）と源頼朝の娘たちは、大姫・乙姫と呼ばれていた（『吾妻鏡』）。

「乙」（おと）とは、「弟」（おと）であり、二番目、あるいはキョウダイの下の子という意味であり、女子名にも男子名にも付けられた。たとえば、常盤御前の三人の子どもたちは、今若丸・乙若丸・牛若丸である（『平治物語』）。「乙姫」と聞いて私たち現代人がまず思い浮かべるのは、「浦島太郎」の乙姫であろう。しかし、不思議なことに、この昔話の乙姫が妹であったという話は伝えられておらず、個人名のように理解されている。なぜ、「浦島太郎」のヒロインは「乙姫」なのだろうか。

そもそも、なにゆえに、女子に対して長幼を示す名をつける必要があったのか。

平安時代の九世紀後半から十世紀になると、官職が家業として、また家産としての意味も持って、父から子へ継承されるようになり、十二世紀には荘園制の形成の中で家領が父母から男女子へと相伝されるようになった。家が形成されたのである。子どもの中では、継嗣たる嫡子が重要視されるようになり、一族の主たる荘園が譲られた。嫡子とは、法的には親が選んで決定するものであったが、特に問題がなければ男子の長幼の順に決められる習慣であった。ここに、男子たちに太郎・次郎・三郎…と、ナンバーをつけて呼ぶことが始まったのである。だが、女子の名に、大姫・乙姫などのナンバーをつけて呼ぶようになったのは何故であろうか。

大姫・乙姫については、日本文学のジャンルで研究がなされてきた。(1)

まず、「大姫」については、馬場あき子の名著『大姫考――薄命のエロス』(2)がある。ここにおいて馬場は、折口信夫『死者の書』(3)に導かれつつ、藤原摂関家の長女すなわち大姫たちと、頼朝の娘の大姫を取り上げて、大姫とは、貴族たちの入内競争の中で、家運を担う運命を背負わされた存在であるが、その胸中にはひそかに反逆の血が疼いていた、とした。本章のタイトルは、この馬場あき子の名著をリスペクトしてつけたものである。

一方、「乙姫」については、近年、小林とし子が『さすらい姫考――日本古典からたどる女の漂泊』(4)の中で、「乙姫のさすらい――連帯に生きる女神」という章を設けている。説経節で語られた「松浦長者」の佐保姫は長女であり、父の追善を果たすために自ら身売りをし、いわば家のために放浪するのだが、「しんとく丸」の乙姫（姉はいないが兄がいて、妹姫の名を持つ）や「をぐり」の照手姫は、己の恋のため、夫と決めた男のために、父の家に暇乞いをして、いわば家を捨てて放浪する。それが乙姫なるものの性格であるとしている。

これらの研究はいずれも、大姫・乙姫それぞれの性格を捉えた慧眼であるが、歴史学の立場から見れば、いくつかの問題点が指摘できる。

まずに、これらの文学研究においては、古代の『古事記』におけるイワナガヒメ・コノハナサクヤヒメのような姉妹神と、中世の姉妹を直結させてしまうことである。『古事記』は「家」が未成立な時代の文献なので、兄弟姉妹の役割も、「家」成立後とは異なっている。「大姫・乙姫」の意味は、中世社会の家族関係やジェンダー構造の中における姉と妹の位置から探求されるべきものであろう。

次に、姉妹の役割を柳田国男の言う「妹の力」[5]に直結させて解釈する傾向が強い点が指摘される。しかも、なぜ「妹の力」論で説明できるのか、その根拠が示されていない。これは、文学研究のみならず、歴史学においても同様な傾向が認められる。鈴木国弘は、『梁塵秘抄』における「隣の大子《おおいこ》が祀る神は　頭の縮《ちぢ》け髪　十寸《ます》髪　額髪　指の先なる拙神《てつづ》　足の裏なる歩き神」という歌謡から、「各イエの嫡女たちがイエの神々を祀る祭祀者たる存在であったことが明らか」としている[6]。しかし、この歌で「隣の大子」が祈願しているのは、自分自身の身体の改善ばかりであって、家や家族のことは全く祈っていないので、こうした結論を導き出すのは不可能である。

本稿では、「大姫」「乙姫」の名によって表象される姉妹それぞれの役割を、あくまでも現実的・具体的な中世社会の構造の中で明らかにし、歴史的な変化を捉えていきたい。その上で、現代においてもなお人々の意識の底に残る「大姫」「乙姫」あるいは「太郎」「次郎」の表すイメージを浮き彫りにしたいと思う。

一　女子排行名について

中世においては、兄弟姉妹の順番を示す名前（排行名）が、女子に対しても盛んにつけられた。名前に番号がふられていると言う事は、きょうだいの順によって、家において相続その他の地位と役割が異なるということであろう。ここでは、先学の研究に依拠しながら、そうした女子排行名の種類と意味についてまとめておきたい。

まず、行論の前提として、中世における相続の在り方について、簡単にまとめておきたい。

平安時代の十世紀頃から、家業化した官職を父から男子へと相伝する「家」が形成された。財産については、兄弟姉妹の間で分割相続が行なわれたが、平安末期になると、貴族や武士など諸職《しき》を持つ家において、嫡子（嫡男）の財産相続上の優位が確立し、家業や職と共に家の主たる所領を他の子よりも多く相続し、残りを他の男女子息で分けるようになった。男子の女子に対する相続上の優位も成立した。

嫡子は、親がその決定権を持ち、基本的には長男が立てられたが、長男が無能であったり、母親が違ったり、親の意思にそぐわなかったりした場合には、次男以下が嫡子に立てられることもあった。また、男子が不在の場合には女子が嫡子とされた。たとえば、鎌倉時代の一二六五年（文永二）、奥信濃に展開した在地領主の中野氏では、一人娘であった袈裟御前が嫡子として、中野氏の惣領となって一族を率いている（『市河文書』(7)）。この段階では、女子も親から相続した所領を、自分の子どもに譲与するなど、自分の意思で処分することが可能であった。

ところが、鎌倉時代の後期、十三世紀後半になると、一期分《いちごぶん》が増加する。一期分とは、女子の相続はその女子一代限りとし、一生の後は実家に返すというものである。

十四世紀に入り、南北朝から室町時代になると、貴族や武家で嫡子単独相続が見られるようになる。これは、嫡子だけが家と家産を全て相続し、他の子は家臣化し、女性は扶養の対象となるといった形である。ただし、戦国時代に至るまで、中世の間は、女子相続が完全になくなることはなかった。一期分、あるいは化粧料という形で、婚姻によって他家に行ったり、離婚した際に困らないように、少分が譲与されていたのである。

以上に、中世における女子相続の変遷を簡単に見てきたが、女子の名前は、こうした相続制度の変遷と深い関係がある。次に、中世の人々の名前について見ていこう。

まず、男性の場合であるが、子どもの時は○○丸という童名を名乗り、十五歳頃に元服をすると、成人名（実名）を名乗るようになった。実名は、多くの場合、漢字二文字で作られたが、代々一文字の家系もあった。男性はこの他に、太郎、次郎といった兄弟順を示す排行名を持った。例を挙げれば、牛若丸が成人して源九郎義経になるわけである。こうした名乗りの在り方は、下人・非人を除く身分の男性、すなわち可視的な成人男性の標識としての烏帽子を被る人々[8]に共通するものであった。

次に、女性の名前の在り方について見ていこう。中世の女性の名前については、角田文衞の大著『日本の女性名―歴史的展望[9]』、および飯沼賢司[10]の研究があり、高橋秀樹[11]、坂田聡[12]も著書の中で言及している。ここでは、主に飯沼の研究によりながら、女性名のしくみについて見ていきたい。

女性の実名（成人名）は、おめでたい一字に子をつける「嘉字＋子」型であるが、十一世紀後半になると、これは皇女、朝廷およびそれに准じる公的な場所に出仕した貴族女性と、位階をもつ女性に限って、特権的につけられる名となり、それ以外の一般女性には見られなくなる。一般の女性は、一生、童名のままであった。たとえ貴族の娘でも、公的な場に出なければ童名のままである[13]。そして、童名は、社会的に正式な名乗りとは認められないものであった。

成人名を持つ人でも、中世の女性は、日常的には童名で呼ばれたであろう。しかし、童名とは基本的に、公的な場で名乗るものではなかった。たとえば、鎌倉幕府の裁判記録である裁許状[14]の数々を見れば、女性も多く訴論人になっているにもかかわらず、男性と違ってその名は記されず、「女子」「後家」あるいは「藤原氏」「藤原氏女」などと記されることがほとんどなのである。ただし、尼の場合はその法名が記されている。

すなわち、公的な場において、尼でない女は無名なのである。これは、中世のジェンダーの問題としての女性の不可視化として、捉えることができよう。公の場から女を見えなくするということである。中世における女性の不可視化は、身分のある女性が顔を見せないという仕草や外出時の被衣《かつぎ》とも関わりがあるように思う。

中世の女性が人前で名を名乗らないことについては、しばしば、古代社会における、名を告げることは求愛に応じることになるという習慣の残滓として説明されてきた。確かに、平安鎌倉時代においても、名を告げること、在所を告げることは、その男との性的な関係につながる行為であったと思われる。だが、名前の問題に関しては、それだけで説明することはできない。なぜならば、古代においては女性も実名を持ち、公的な場で名乗っていたからである。女性が実名を名乗らなくなったのは、中世社会の問題である。ゆえに、中世女性が名を名乗らない問題は、あくまでも中世社会のジェンダー構造の問題として捉えられるべきなのである。

だが、実際に、女性の社会的活動は盛んであった。御家人の中には、惣領として親族を率いて幕府に奉公する女性もあった。土地を相続し、経営し、訴訟もした。そのように、女性が公的、対外的な場に名を出すときは、後家であれば「夫の名＋後家」と称されるが、そうでない場合は、「氏女《うじのにょ》」型と、「排行＋子」型の二つの名乗りがあった⒂。まず、「氏女」型というのは、たとえば藤原氏女《ふじわらのうじのにょ》、中原氏女というように、姓の後に氏女（あるいは氏のみ）を付けるものである。

一例を挙げよう。『沙石集』⒃の説話に次のようなものがある。

《訳》聖覚《しょうがく》が説法をしている時、多くの聴衆の中に若い女房がいて、居眠りをしていたが、堂の中も響くほどに屁をした。臭いもことのほか臭って、人々の間にしらけた空気が漂った。聖覚はその様子を見て、「笛や琴などの楽器類は、妙なる音を発するけれども、香りはありません。お香は、よい香りがするけれども音はしません。今のお屁は音もあるし、においもあります。聞くべし、かぐべし」と言った。あまりに褒められた女房は、かぶっていた衣を引きのけて、「私を橘の氏であるとおっしゃってください」と言ったのだった。褒めにくいことも褒めたのは、まことの弁舌である。女房をめでて、女房が橘の氏と名乗ったのも、理に叶っている（橘の木は匂いが強いから）。しかしながら、たよりない供養物であることよ。

《原文》

聖覚《しょうがく》の説法せられける日、殊に聴衆をほかりける中に、若き女房、禮盤近く居て、眠りけるが、堂の中も響くほどに、下風したりけるが、香も事の外に匂いて、興さめたる所に、導師是を聞て、「簫・笛・琴・箜篌・琵琶・銅鈸、其音もたへなりと云ども、香気を具せず。多摩羅（跋）香・多伽羅香、其香かうばしと云ども、音声をそなへず。今の御下風にをきては、声もあり、匂もあり、聞くべし、かいふべし」と申されければ、余りに讃められて、衣引きのけて、「同くは橘の氏と申あげさせ給へ」とぞ云ける。讃悪き事をも被讃けるにや。実の弁説にこそ。女房めでゝ、橘氏となのりけるに、理候や。さりながらたよりなき供養物にこそ。（『沙石集』巻六―八）

ここでは、この女性自身が口頭で、「私は橘氏です」と名乗っていることが注目される。女性が公衆の面前で名を名乗る場合には、このような言い方をしたのであろう。なお、その時、彼女は被衣を取って人々に顔を見せている。

次に、「排行＋子」型について見たい。これは、十世紀前半に登場し、十三世紀には減少、十四世紀にはほとんど使用されなくなる。[17] 譲状においては、「氏女」よりこちらのタイプが多いが、それは、女子が複数いる場合に「氏女」では区別がつかないこと、分割相続における兄弟姉妹の中の相続順を示すためであろう。そして、これは、女子相続の後退とともに意味を失い、消滅していく。「排行＋子」型が消滅した後も、「氏女」型は残る。[18]

それでは、「排行＋子」型を含む女子排行名には、具体的にどのようなものがあるのか。

まず、姉子《あねのこ》・中子《なかのこ》・三子《さんのこ》・四子《よんのこ》…というものがある。あるいはまた、太子《おおいこ》・二子《にのこ》・三子・四子…というものもある。本稿のタイトルに掲げた大姫（大君《おおいぎみ》・大御前《おおごぜん》）・乙姫（乙女《おとにょ》・乙子《おとこ》・乙御前《おとごぜん》）も、その一つである。

これらの排行名は、文書の上ではきわめて一般的に見られるが、日常的にもこのように呼ばれていたのだろうか。おそらく、普段はこのように呼ばれていなかったであろう。なぜならば、次の文書において、同一人物が「姉子」とも「太子」とも表記された例が見られるからである。以下に、文書の一部を、便宜、読み下し文に改めて引用する。

A

処分す　田地新券文《でんちしんけんもん》の事

　合わせて二段てへり

（中略）

右、くだんの田地は、沙弥尼観阿弥陀仏《しゃみにかんあみだぶつ》の先祖相伝の私領なり。しかるに今、女子藤原姉子《ふじわらのあねのこ》に、永代《えいたい》を限り、処分せしむるところなり。

（中略）

承久三年二月十六日　尼観阿弥陀仏（花押）

一男藤原（花押）

二男同姓（花押）

三男同姓□

（『百巻本東大寺文書』二、『鎌倉遺文』二七二三号）

B

処分す　□□（水田）新券文の事

合わせて 参段《さんたん》てへり

（中略）

右、くだんの水田は、観阿弥陀仏の先祖相伝の私領なり。しかるに、女子藤原太子《ふじわらのおおいこ》に、永代を限り、処分せしめおわんぬ。

（中略）

承久参年七月　日　　観阿弥陀仏（花押）

◯（指頭墨印）　一男藤原（花押）「忠康」（裏）

◯　二男藤原（花押）

◯　（『百巻本東大寺文書』二、『鎌倉遺文』二七九〇号）

この二通の文書は、どちらも正文であり、尼観阿弥陀仏が娘に大和国城下郡の土地を譲ったものであり、兄弟らが判を加えている。この尼観阿弥陀仏は同一人物と見て間違いはなかろう。そうすると、Aでは藤原姉子《あねのこ》、Bでは藤原太子《おおいこ》と呼ばれている観阿弥陀仏の長女は同一人物と見られる。同じ人物が、同年に出された二通の文書の中で、一方では「姉子」、もう一方では「太子」と呼ばれている。すなわち、こうした長女を示す呼称は、あくまでも文書の上での名前であって、日常的に呼ばれる名前ではなかったと考えられる。長女を示す姉子と太子は、いわば互換性があったのである。

『吾妻鏡』に見られる、政子と頼朝の娘たちは、「大姫」と「乙姫」である。このうち、大姫の童名は不詳であるが、乙姫には「三幡」という童名が記されており、平素は三幡と呼ばれていたと考えられるが、公式には「乙姫」と称されていた。女性は通常は、成人後も童名で過ごし、叙位に与るなどのことがないと、「政子」のような成人名は付けられない。しかし、童名が公式な場で用いられることは基本的にはなかった。

ちなみに、男の子たちも含めた政子と頼朝の子どもたちは、上から、大姫・頼家・乙姫（三幡）・実朝（千幡）である。このうち、次女と次男は童名が『吾妻鏡』に記されているが、長女と長男は、幼少の頃から単に「姫公」「若公」とだけ書かれていて、童名が伝えられていない。これは、長女と長男を特別視して、ただ「姫公」と言えば長女を指し、ただ「若公」と言えば長男を指すということが、習慣的に行なわれていたことを反映しているのではないだろうか。

なお、乙姫の童名が「三幡」であるのは、想像するに、男女を含めたきょうだいの三番目だからではないか。頼家の長男は「一幡」である。鎌倉時代の人々の意識においては、男女合わせて上から数えるようなこともあったのではないかと思われる。

以上に考察してきたように、中世前期には、嫡男子によって継承される家が成立し、嫡男子が多くの所領財産を譲られるようになるが、一方で男女の子どもたちに分割相続がなされ、女子相続は否定されていなかった。そうした社会の中で、男子と女子を分けて、きょうだいの順にナンバリングする排行名が成立した。家の中での男女それぞれの中でのきょうだいの序列を示すものであり、相続の順を示すものであった。だが、それでもまだ、女子に順位をつける意味は、十分に解明されたとは言いがたい。家の中での女子の序列というものは、如何なる意味を持つものか。次に、その点をより掘り下げて行きたい。

二　大姫の時代

大姫とは、嫡女に付けられた名である。中世における嫡女とは、女子の中で一番上の子に与えられた呼称である。(19)嫡子（多くは男子だが女子がなることもある）のような明確な役割や、他のきょうだいたちと比べて際立った優位性はないが、史料に頻出し、家の中で何らかの重要な役割があったと考えられるが、その役割は未詳である。

嫡女の権限の大きさは、たとえば平安時代の「賀茂姉子解《かものあねのこげ》」（『東大寺文書』四―三九、『平安遺文』四二一四号）に見ることができる。

一一八四年（元暦元）、故尊覚大法師の遺財である房舎敷地と田畠等を、後家とその弟が自分のものにしてしまったとして、四人の子息らと門弟が相続権を主張して訴えを起こしたのだが、その代表で解《げ》を提出したのが、嫡女の賀茂姉子であった。そこには、次のように書かれている。

〈読み下し〉

尊覚子息、女子三人、男子一人なり。……なかんずく、姉子は最愛の長女なり。存日、給仕孝敬おこたらず。いわんや没後の葬送報恩の営み、一寺見知《いちじけんち》隠れなきものか。いかでか処分に預からざらんや。嫡弟弁恵は当寺の寺僧として、由緒有る弟子なり。存日の日、月料の芳恩に預かる。ここによって随分の報恩を勤めおわんぬ。いかでか門跡を継がざるや。三子《さんのこ》またもって当寺譜代の見住《げんじゅう》なり。存日、常に没後の追善に随い、さらに懈怠《けたい》なし。嫡子良仁は金峯山《きんぷせん》に住し、常に随わずといえども、年来の給仕さらにもって懈たらず、したがひてまた葬家に籠り、随分の報恩を勤めおわんぬ。いかでか処分に預からざらんや。……たとひ自筆の処分状有りといえども、嫡女嫡子嫡弟判行を加えずんば、これを用うべからず、何ぞいわんや他筆をや……

元暦元年十月　日　　　　　　　　　　　嫡女賀茂姉子

〈原文〉

尊覚子息女子三人男子一人也、……就中姉子者最愛之長女也、存日給仕孝敬不懈、況没後葬送報恩之営、一寺見知無隠者乎、争不預処分矣、嫡弟弁恵者為当寺之寺僧、有由緒弟子也、存日之日預月料之芳恩、因茲勤随分之報恩畢、争不継門跡乎、三子又以当寺譜代之見住也、存日常随没後追善、更無懈怠、嫡子良仁者住金峯山、雖不常随、年来給仕更以不懈、随又籠於葬家、勤随分報恩畢、争不預処分乎、……設雖有自筆処分状、嫡女嫡子嫡弟不加判形者、不可用之、何況他筆乎、……

元暦元年十月　日　　　　　　　　　　　嫡女賀茂姉子

賀茂姉子は、女三人男一人の四人きょうだいの長女として、きょうだいや父の門弟たちの代表として、父の後家（継母）に対抗して自分たちの相続権を主張している。姉子が自らの正統性を主張する根拠は、父の「最愛の長女」であることだった。そして、自ら「嫡女」と名乗り、父の弟子と思われる弁恵、妹の三子、弟と思われる良仁らの親孝行を述べ訴え、「これらの輩」を差し置いて他の者が相続することの不当性を訴えているのである。

姉子は、父の「最愛の長女」、すなわち「父の娘」であった。

また、鎌倉時代の摂関九条道家は、一二四二年（仁治三）、子どもたちに所領を分けた物処分状の中で、四条天皇の尚侍《ないしのかみ》であった佺子《せんし》に、一期分ではあるものの、女子の中では最も多くの所領を譲っており、佺子が嫡女であったことがわかる。そして、嫡女と思しき佺子に対する父の思いは、置文に綴られている。

〈読み下し〉

愚身、今においては、身の後の余執《よしゅう》なし。ただ、思ふ所は、尚侍（侄子）ならびに右大臣（一条実経）の事ばかりなり。必ず見放さるべからず候

〈原文〉

愚身於今者、無身後之余執、只所思者、尚侍并右大臣事許也、必不可被見放候

（「九条道家置文」『九条家文書』『鎌倉遺文』六〇四五号）

また、安芸国の熊谷直経《くまがいなおつね》は、一三四六年（貞和二）、南北朝時代に入って単独相続が始まる中で、安芸国三入荘《みりのしょう》を惣領職とともに全て男子の虎熊丸《とらくままる》に譲与した。しかし、直経は本当のところ、女子の虎鶴御前《とらつるごぜん》に譲りたいと思っていたのである。その理由は、「嫡女たる上、ことさら不便にあい思うによって」であった。戦乱の時代に、軍役を勤めるために男子に譲るものの、もし虎熊丸に男子が生まれなければ、虎鶴御前の子を養子にして相続させ、もし、虎鶴御前にも男子がいなければ、きょうだい二人で相談して決めるようにと定めている（「熊谷直経譲状」『熊谷家文書』九一、『大日本古文書』家わけ十四）。先に見た賀茂姉子は、自ら父の「最愛の長女なり」と公言したが、嫡女は父にとっても殊更に大切な存在なのであった。だが、この熊谷家の例では、すでに南北朝時代に入り、女子相続に対する否定的な傾向が強まる中で、父の本意ではなく、嫡女の権限が弱まってきているのがわかる。

嫡女は、所領相続において、女子の中で優遇されていた。たとえば、一二八五年（弘安八）十二月の「但馬国太田文」（『鎌倉遺文』一五七七四号）の中の安美郷（七六町七段六〇歩）のところを見ると、「地頭大江氏　出石三郎信政嫡女　長右衛門四郎長連妻女」とあり、この安美郷の中に、他のきょうだいらの土地が確保されている。「次女分」（安芸之助光直後家）は三町、「三女分」（沼田小太郎入道願西妻女）も三町、「四女分」（大内荘預所佐渡入道禅海妻女）は二町、「成支名」（次男孫三郎左衛門尉政光）は八町五段、「安富名」（三男孫三郎信継）は七町一三〇歩、「成

支名」(四男五郎信長)は四町七段二〇〇歩となっている。地頭給としては五町九段三〇二歩が当てられている。

ここから浮かび上がってくるのは、女子たちが皆、国内の他の地頭や預所と嫁していること、次女以下の女子はみな男子たちよりも所領が少ないが、嫡女だけは別格なことである。この嫡女は他の郷にも所領を持ち、下里郷では兄である惣領の行願と二人で一町ずつの土地を領有している。惣領行願は他所の地頭も兼ねている。すなわち、このきょうだいにおいては、嫡子(惣領)と嫡女が他の兄弟姉妹に抜きん出て別格であり、多くの所領を有していたのである。

『沙石集』(巻六―一)には、次のような興味深い説話がある[20]。

三人の姉妹が亡き父の追善のため、年来の師である老僧に説経をさせたところ、老僧が姉妹それぞれの親孝行を述べ立てた。「嫡女は今講の地頭が妻なり。至孝の志、丁寧にして、さい河の辺なれば、常魚ある所にて、既にいふべき汁をも、近き道なれば、きと父の許へぞやりける。又次の女は、はつすへの地頭が妻なり。父既に臨終と聞て、はすへ坂のさしもけはしきを、終夜《よもすがら》越て、死目に逢にけり」。そして、さらに三女のことを誉めようとしたところ三女の聟が制止し、三人の聟は冷や汗を流したというのである。

ここで、「嫡女」は近くの地頭の妻になっているので、父の生前、いつも犀川で取れる魚の汁を届けていた。しかし、次女は、遠くに嫁していたので、父の臨終を聞きつけて、よもすがら険しい山を越えて死に目に会った。それぞれの孝行が讃えられているが、ここでも、実家の父のそばに嫁し、日常的に父の世話をしているのは嫡女の方なのである。なお、近世近代になると、嫁に行った娘はむやみに実家に帰ってはならず、実の両親より夫の両親に仕えなければならないといった倫理規範ができていくのだが、鎌倉時代にはそのような考え方はなく、女子は婚出しても実家の両親に親孝行を尽くすのが倫理的な在り方であった。そして、聟たちが冷や汗をかいているのは、解釈が難しいが、妻が実家の両親に孝行を尽くしているかどうかが、聟たちの評価にも関わったものと思われる。何しろ、この説経の場には、妻方の親族が大勢集まっていたに違いなく、その面前での出来事なのである。

以上に見てきたように、嫡女（大姫）は「父の娘」であり、他の娘たちとは異なる待遇を得ていた。馬場あき子の指摘[21]によれば、平安時代以来、摂関家の娘で入内立后した人には長女が多く、藤原順子、明子、高子、安子、媓子、詮子、定子、彰子、寛子、聖子、泰子、任子…と、みな長女であった。それは、しばしば、「父の娘」として家に殉じることを意味した。

そのよい例が、頼朝の娘の大姫である。大姫は、幼くして父が決めた政略結婚をするよう運命付けられ、さらに婚約者を父によって殺害され、心身症となり、さらに入内計画が持ち上がるものの、それに堪えることはできず、二十歳の若さで病死してしまう。大姫はまた、母政子の娘でもあった。政子は親族と交流し、贈り物をするときなどは、大姫にも共にさせているが、乙姫にさせた記録はない。母によって、家の重要な役割を担う大姫としての教育がなされていたのである。政子もまた、もともと大姫だったのであり、自分は父に背いて恋を貫き、父を従わせたが、妹たちはそれぞれ御家人らと婚姻させている。

頼朝の次女である乙姫は、大姫の身代わりとしての存在であった。大姫の死後、入内計画は乙姫に引き継がれた。しかし、乙姫もまた、入内することなく病死してしまうのである。

平安鎌倉時代において、「父の娘」である大姫の存在はきわめて大きかった。それに対して、乙姫はその身代わりとして位置づけられていた。『源氏物語』宇治十帖に登場する大君《おおいぎみ》は、「このかみ心にや、のどかに気高き」（「総角」）と、きょうだいの上の子ならではの、おっとりした性格に描写されているが、妹の中君《なかのきみ》を自分の身代わりにして、自らは父に殉ずる道を選ぶのである。

三　乙姫の時代

飯沼賢司の研究によると、排行＋子型の名前は、十三世紀に減少し、十四世紀にはほとんど使用されなくなる。[22] 実際、『鎌倉遺文』を見ると、姉子（太子はもともとそれほど多くない）、中子（仲子）、二子、三子は、十三世紀末から十四世紀にかけて急速に減少していくのがわかる。女子排行名が意味を持たない時代がやって来たのである。その原因は、女子相続の後退にあると見られる。

だが、そうした中で、排行の意味を持ちながら、鎌倉時代になっても減少しないのは、「乙」のつく名である。乙姫、乙女、乙前、乙御前、乙子、乙王、乙鶴、乙熊、乙松、乙石、乙法師、乙土用、乙彼岸…これら「乙」のつくおびただしい名前は、なくなることはなく、ますます盛んにつけられていった。

たとえば、一二六八年（文永五）に元興寺の聖徳太子像の胎内に納められた、結縁者の名前をずらりと並べた十六通の文書を見ると、ここではすでに女性の名前から女子排行名や氏女は影をひそめ、ほとんどが童名を記している。[23] そして、アコ女（阿古女）と並んで、ヲト女（乙女）がポピュラーな名となっている。だが、大姫の意味を持つ童名は見当たらない（「聖徳太子結縁人交名」『元興寺聖徳太子像胎内文書』、『鎌倉遺文』九八六五〜九八八二号）。

女子排行名が消滅した後に、唯一残ったのは、本来、妹を示す乙女だったのである。一方で、姉を示す名前は見られなくなってしまう。つまり、大姫が消えて、乙姫だけが残ったのである。

これらの乙姫たちが、実際に妹なのかどうかは不明である。大姫に相当する名がなく、「乙」だけが多くなっていることから、妹でなくてもつけられたと考えるべきであろう。妹の名という要素を残しつつ、「あこ女」などと同様に、幼さ・若さ・あどけなさのイメージを持つ名として、娘につけられたのではないか。
幼さや若さといった価値は、女性にとってプラスの価値であった。たとえば、鎌倉時代の『沙石集』には、次のような一節がある。

〈訳〉

女性は特に年を取ることを悲しく思って、いつも十七、八ぐらいでいたいと思っているようだ。六角堂にある女房が詣でたとき、寺僧が、姓と年齢を聞いたところ、答えて言うことには、「姓は藤原です。年は十八歳です、四十年前は。」と答えたのだった。

〈原文〉

女人は殊に年のよるをば悲しく思て、いつも十七八ばかりにてあらばや、と思いあへるにや。六角堂に或る女房参じたるに、寺僧、御姓はなに、御年はいくらぞと問ければ、姓は藤原にて候。年は十八にて候し。四十年が先は、とぞ答ける。

（『沙石集』拾遺四八）

現代でもそうであるが、中世において、女性は特に年を取るのを嫌がるもの、とされていたことがわかる。おそらくは、そうした心性を背景にして、若さや幼さを示す名としての「乙」が好まれていったのであろう。
なお、ここでいささか気になるのが、狂言で用いられる「乙《おと》」の面についてである。「乙」の面は、神楽のおかめに通じる庶民的な顔立ちの笑顔の女面で、乙御前《おとごぜ》と呼ばれる醜女の役に用いられる(24)。一体、「乙」という名前には醜女と結びつく意味があるのだろうか。調べてみても、他に例がみつからない。「乙」に醜女の意味があるのなら、多くの人がその名をつけるはずながい。思うに乙御前とは、名前そのものは庶民的で愛らしい恋女房を示す名でありながら、醜女で「やるまいぞ」と夫を追いかける「わわしい女房」の面として用いられたのではないだろうか。

また、本阿弥光悦の赤楽茶碗に「乙御前」の銘を持つ作品がある（国宝、個人蔵）。「文化遺産オンライン」の解説によれば、「この茶碗もふっくらとした姿を作り出しており、銘の「乙御前」（ほほのふくらんだお多福）にぴったりの作風を示している」とする。[25]また長次郎の黒楽茶碗にも、同じく「乙御前」の銘を持つ作品がある（重要美術品、永青文庫蔵）[26]。どちらも醜女であるはずはなく、福々しい庶民的な京女のイメージと考えられている。

さて、話を元に戻そう。乙姫という名を聞いて、われわれがまず思い出すのは、「浦島太郎」の乙姫であろう。浦島伝説は、奈良時代の『万葉集』および『丹後国風土記逸文』に見られるが、ここで彼女の名前は、亀姫であった。浦島の名は浦島子（うらしまのこ、あるいは、うらのしまこ）であり、太郎ではなかった。「家」が未成立な古代社会において、「太郎」はまだ成立していなかったのである。古代の浦島伝説においては、海中から浦島子の美貌を見初めた亀姫が亀に化けてわざと釣り上げられ、船端で姫の姿を現して浦島子に求婚し、常世国に連れて行って両親や家族に引き合わせて、聟にする。

彼女の名が、「おとひめ」になるのは、室町時代の絵巻『うらしま』（日本民芸協会蔵）が初見である。[27]ここで、三浦佑之の研究に導かれながら、古代・中世後期・近代と、変容を遂げた浦島伝説の三段階を、便宜、表6にまとめてみた。

姫は、室町時代に乙姫となったが、その段階で、姫の家族は物語から姿を消してしまう。この物語において、姫が妹であるかどうかは全く語られることがない。ここでの乙姫の名は、妹を示すものではないのである。重要なのは、妹イメージの女性であることであろう。そして、彼女自身の恋に対する姿勢は、時代を追うごとに積極性を欠いたものになっていく。

表6　浦島伝説の変遷

	奈良時代	室町時代	近代
文献	『丹後国風土記逸文』	御伽草子『浦島太郎』絵巻『うらしま』	国定教科書
浦島の名	浦島子	浦島太郎	浦島太郎
姫の名	亀姫	女房、乙姫	乙姫
浦島の家族	父母	父母	父母
姫の家族	父母、兄弟姉妹、親族	登場せず	登場せず
亀	姫自身	姫自身	姫の家来
出会い	姫が浦島子を見初め求婚のためわざと釣られる。	釣られた亀が、助けてもらった報恩のために結婚。	悪童から救われた亀の報恩。 恋愛関係なし。 連日の宴会。

一方、浦島子は、室町時代には「太郎」として明確に長男を示す名を持つようになった。このころから、桃太郎、金太郎、ものくさ太郎と、昔話のヒーローは全て太郎とされていく。彼ら、仏神の申し子たる強く元気な男の子たちはみな、太郎でなければならなかったのである。彼らは、一人子《ひとりご》であり、長男なのであり、次郎や三郎ではありえなかった。現代の日本社会に生きるわれわれの意識の中でさえ、たとえば五月人形の少年たちはやはり「太郎」でなければならず、「次郎」や「三郎」では違和感を覚えるのではないだろうか。もしも、「さぶ」「サブちゃん」であったら、また全く異なるイメージが付与されるはずである。

こうして、「太郎と乙姫」のカップルができあがった。中世後期のジェンダーのイメージの中で語られる、恋するヒーローとヒロインのペアは、「太郎と乙姫」であって、「次郎と大姫」では収まりがつかなかったのである（ただし、三人以上の男兄弟の末っ子には、また別のヒーローたるべき資質があるが、ここでは踏み込まない）。

説教節『信徳丸』のヒロインである乙姫は、小林とし子が指摘するように、兄のいる妹姫だが、大姫にあたる姉は不在である。[28]つまり、長女であるのに乙姫と名づけられている。そして、その名のとおり、嫡女としての役割は担っていない。小林によれば、この乙姫は、父の家から暇を乞い、夫のために放浪する姫であるが、それは、家を背負った大姫ではなく、乙姫であるからこそ可能であった[29]。

この物語の中で、家や家族のことを考えて世話を焼いているのは、すべて嫡子たる兄である。兄が、乙姫の結婚を許可するように両親に意見を述べたり、乙姫を迎えに行ったりする。これは、平安鎌倉時代であれば、母や姉など、家の中で権威のある女性の役割だったはずである。それを、ここでは、嫡子である兄が行なっている。すなわち、彼は次期家父長として、これまでの女性の役割を吸収しているのである。

室町時代は、嫡女不在の時代の始まりであった。兄（弟）がいれば、女子に家や両親に対する責任はない。婚姻によって家から放出されてしまう女子は、言わば、みな、乙姫的存在になったのである。

そして、ここに、姉妹の妹でなくとも、乙のつく名をつけることが可能となったのである。

信徳丸は嫡男であったが、父の後妻である継母に弟が生まれたとき、父はその子に「乙の次郎」と名づけたことが継母の恨みを買い、悲劇が始まった。つまり、信徳丸は太郎なのであり、ここでも、太郎と乙姫のペアが誕生することになる。

この時代にあっても、なお大姫としての生き方を選んだヒロインたちもいた[30]。しかし、大姫が大姫としての役割を果たそうとすれば、たとえば鉢かづきは、相続すべき財産を全て頭上の鉢に隠した異形の身とならねばならず、安寿は厨子王を生かすために死なねばならなかった。弟は家を継ぐために生かさなければならないからである。松浦佐保姫は父の追善のために身売りをした。死んだ父のために、生きている娘が人生を犠牲にしたのである。かるかや道心の「嫡子」千代鶴姫は、女子であるがゆえに、父を探す母と弟の旅に連れて行ってもらえず、一人残され病死する。

誇り高い大姫が、大姫としての役割を果たそうとするとき、そこには、「家の犠牲」という運命が待ち受けていたのであった。

おわりに

中世前期の古文書には、しばしば嫡女を特別に重要視する文面が見られる。家を継ぐ嫡男が重視されるのはわかるのだが、嫡女を重視するのは何故なのか。本稿は、こうした問題関心によって書き始めたものである。

平安時代から鎌倉時代にかけて、大姫すなわち嫡女は、父の娘であり、父の家のために生き、時には犠牲になることを余儀なくされた。それが、馬場あき子の言うような、大姫の人生であった。だが、一方で家の兄弟姉妹の中で権威を持って振る舞い、父に愛されて多くの所領を得ていたのである。ここでの乙姫すなわち妹姫は、大姫の身代わりであった。

だが、鎌倉時代末になると、女子排行名が姿を消していく。鎌倉末から南北朝期ごろを境に、ジェンダーの在り方が変化し、女子の長幼があまり意味を持たなくなる。これまで、大姫が担っていた兄弟姉妹の中での権限は、全て太郎に吸収されていく。嫡女不在の時代の始まりであった。

「乙」のつく名だけが残った。もともと妹姫を示した「乙」は、年下の愛される姫の名として、姉妹の長幼にかかわらず用いられるようになった。物語の乙姫たちは、父の家に対する責任はない。中世後期になると、婚姻によって家から放出されてしまう女子は、みな、乙姫的存在になったのである。ここに、姉妹の妹でなくとも、乙のつく名をつけることが可能となったのである。

そして、物語の中で、乙姫の恋の相手は、太郎であった。すなわち、恋の物語の定番が、太郎と乙姫の婚姻となったのである。

以上のような変遷を、本稿は、「大姫の時代」から「乙姫の時代」へと把握してみた。娘という存在の主要な価値が、「父の娘」から「太郎の嫁」へ移行したのである。それは、「太郎の時代」が肥大化していく過程に即応している。

大姫・乙姫は、これまでは日本文学のジャンルで考察がなされてきた。私は、優れた文学作品とは、それが書かれた時代の社会的心性を、鋭く適確に表現するものだと考える。私にとっては、文学作品も史料の一つである。文学作品を生み出した人物は天才かもしれないが、己が生きた時代からかけ離れて、時代を一人で先取りした存在とは思えない。

本稿は、史料を多く用いて鎌倉時代の名前を集め、名前のつけ方の変遷から人々のジェンダー意識に迫るといった、史料実証を基礎とする歴史学の方法を用いた。そうした作業を通して、文学作品に仕組まれたジェンダーを読み解いてみたのである。

註

（1）田中貴子『外法と愛法の中世』（人文書院、一九九三年）には姉妹神についての考察がある。
（2）馬場あき子『大姫考――薄命のエロス――』大和書房、一九七二年。
（3）『死者の書』は一九四三年に発表された。折口信夫『死者の書・身毒丸』（折口信夫全集二七）中央公論社、一九九七年。
（4）小林とし子『さすらい姫考――日本古典からたどる女の漂泊』笠間書院、二〇〇六年。
（5）柳田國男『妹の力』、一九四〇年、創元社。のち柳田国男『妹の力』〈定本柳田国男集〉九、筑摩書房、一九六二年。

（6）鈴木国弘「武家の家訓と女性」峰岸純夫編『中世を考える　家族と女性』吉川弘文館、一九九二年。
（7）「関東下知状」『鎌倉遺文』九二八五号。『市河文書』は、信濃史料刊行会編『新編信濃史料叢書』三（一九七一年）に所収。
（8）黒田日出男「史料としての絵巻物と中世身分制」『歴史評論』三八二、一九八二年、のち『境界の中世・象徴の中世』東京大学出版会、一九八六年、所収。
（9）角田文衞『日本の女性名――歴史的展望』上中下、国書刊行会、二〇〇六年（初出は一九八〇年）。
（10）飯沼賢司「女性名から見た中世女性の社会的地位」『歴史評論』四四三、一九八七年。
（11）高橋秀樹『中世の家と性』山川出版社、二〇〇四年。
（12）坂田聡『苗字と名前の歴史』吉川弘文館、二〇〇六年。
（13）飯沼前掲（10）論文。
（14）瀬野精一郎編『鎌倉幕府裁許状集』吉川弘文館、一九八七年。
（15）飯沼前掲（10）論文。
（16）小島孝之校注・訳『沙石集』〈新編日本古典文学全集〉小学館、二〇〇一年。
（17）飯沼前掲（10）論文。
（18）飯沼前掲（10）論文。
（19）児島恭子「日本古代の嫡女について」『史観』一〇七、一九八二年。
（20）この説話は、『沙石集』の諸伝本のうち梵舜本のみに見られる。したがって、テキストは日本古典文学大系の渡邊綱也校注『沙石集』（『日本古典文学大系』岩波書店、一九六六年）に限られる。
（21）馬場前掲（2）書。
（22）飯沼前掲（10）論文。
（23）坂田前掲（12）書。一四一頁。
（24）大塚ひかり『太古、ブスは女神だった』マガジンハウス、二〇〇一年。のち『ブス論』ちくま文庫、二〇〇五年。
（25）文化遺産オンライン。http://bunka.nii.ac.jp/db/heritages/detail/207960

（26）永青文庫。http://www.eiseibunko.com/collection/sadogu1.html

（27）三浦佑之『浦島太郎の文学史――恋愛小説の発生』五柳書院、一九八九年。

（28）なお、小林は「乙姫」が姉のいる妹から、兄のいる妹の名に変わったと述べているが、『信徳丸』以外の論拠がない。

（29）小林前掲（4）書。

（30）小林前掲（4）書。

第六章　父の膝

はじめに

中世の説話には、しばしば、幼い子が父の膝の上に乗る場面が出てくる。母ではなく、もっぱら父の膝である。すでに多くの論者によって、中世における母子関係がきわめて密接であったことが明らかにされている。[1] それでは、父子関係はどうであったのか。これまでのジェンダーの歴史学は、女性について多くのことを明らかにしてきたが、男性に関する論考はいまだ少ないのが実情である。男性にとっての結婚、家族、出産、身体、マスキュリニティ、子育て、生活、ライフサイクル、信仰、文化、心性等々について、専門に扱った論考はきわめて少ない。

近年になって、日本でもようやく、ジェンダーの視点による男性史や、男性性を問う研究の方向性が示された。[2] しかし、そうした研究はほぼ近代に集中しており、軍隊とマスキュリニティの研究や、近代日本の父性を問う研究[3]などがあるが、前近代についてはいまだほとんど着手されていない。服藤早苗の『平安朝の父と子[4]』が目を引くくらいであろうか。

本稿では、幼子が父の膝に乗るという仕草に注目して、中世の父性と、膝という男性の身体の一部分が持った意味について考察してみたい。

一　父子の身体的密着性

鎌倉時代後期に書かれた『沙石集』には、次のような説話がある。テキストは、小学館「日本古典文学全集⑸」に収められた古本系の米沢本（室町時代末〜江戸時代初期ごろの写）を基本とする。

〈訳〉

奈良のある上人が、世俗の暮らしを始めた後、子どもを少々もうけた。その中でとくにいとおしんでいる子が五歳の時、知り合いの上人が二、三人やってきて、よもやま話をした。この子が父の膝の上に居たのを、父親は「こいつは駄目なヤツでして。こんなに大きくなっても、まだ父さんと寝ないで、母さんとばかり寝るのです」と言った。すると子どもは、「父さんは、ボクのこと母さんと寝るって言うけど、父さんだって母さんと寝てるじゃないか」と言った。まさにその通りだと思っておかしかった。

〈原文〉

南都にある上人、世間になりて後、子息少々ありける中に、殊にいとほしくする子、五歳の時、知人の上人両三人来りて、物語りしけるに、この子父が膝の上にゐたるを、「きやつは不覚人にて候ふ。これほどに成りて候ふ物の、都て父とは寝ずして、母とのみ臥せり候ふ」と云ひければ、この子返事に、「父は、我れをば母と寝ると云へども、父もまた母とは寝るは」とぞ云ひける。実にさもと覚えてをかしくぞ。

（『沙石集』巻三―四「幼稚の童子の美言の事」）

無邪気な子どもに一本取られた父親の顔が見えるようである。

この説話の締めくくりは、「実にさもと覚えてをかしくぞ」と笑いのうちに終わっている。この後には、漢代を舞台にした棄老説話が続き、老いた祖父を捨てた父を子が諌める話が語られ、全体として「負うた子に教えられる」教訓話となっている。この上人が笑われているのは、一つには性生活を無邪気な子どもにあばかれた点であり、今一つは、僧の性生活・家族生活は、当時、一般に行なわれていたとは言え、仏教本来の教えからすれば破戒であったということがある。この僧は「世間」すなわち俗人になっているが、以前は「上人」と呼ばれた一定の地位のある僧だったのであろう。

これが、岩波「日本古典文学大系」に収められた梵舜本（慶長二年写）[6]になると、「実にさもと覚えてをかしくぞ」の後に、「父を恥しめ教ふるに似たり」と付け加えられており、教訓性が強められている。右に掲げた米沢本の方が古態を残すテクストと考えられているので、この部分は後から付け加えられたのではないかと思われる。『沙石集』は全体として僧の妻帯に否定的であるから、[7]この元上人の性生活・家族生活についても肯定的ではありえないのだが、米沢本の方は、即座に断罪するのではなく、人の世の可笑しさを笑いに包んで提示するような形になっている。

それにしても、ここから読み取れるのは、むしろ、この上人の幸福な暮らしであり、仲のよい家族である。最愛の子を膝に座らせながら、「まだ父さんと寝ないで母さんと寝るんだ」とぼやいてみせる父。この言葉から、この子は男子であることが想定される。そして子どもの無邪気な言葉から、夫婦仲も良好であることが想像される。「膝に乗る」「寝る」という行為から、この家族が身体的にも密接なつながりをもっていることが理解される。

このような父母と子が一体感をもって結びついている家族は、院政期ごろから形成されたものである。夫方の用意した家屋に妻が移り住み、夫婦の結びつきは永続的なものと考えられるようになって、夫婦と子をひとまとまりとする家族が成立したのである。この上人の家族は、その一つのモデルである。ところで、この上人には子どもが数人いる。その中で、最愛の男子一人が、客が来た時に父の膝に乗っていたということにも注意しておきたい。
同じく『沙石集』の次の説話は、父子のより濃厚な身体的密着性を示している。

〈訳〉

甲斐国に、某の右馬四郎という者があった。末子ながら、家を継いだのであったが、亡父の供養の仏事をした際、施主分の説法に、「信心深い孝子でいらっしゃるので、亡き父上の御最愛が他の子息に勝って、家をもお継ぎなさったことは、この導師も拝見しておりました。幼少の頃、亡き父上のお膝の上にいて、愛されていらっしゃった様は、言葉では申し尽くせません。父上はいとおしく思われました。目からふっと入って、鼻からふっと出て、鼻からふっと入って、口からふっと出たりなさっても、父上はいとおしく思われました」と言うとき、聴衆はみな逃げ出した。この四郎も逃げ出したのを、仲間の俗人が「あんたが聞かずに誰が聞くんだよ」と言ってつかまえて逃がさない。四郎は逃げようとする。上になり下になり取っ組み合って、大騒動が出来したかのようになった。説法もすっかり白けてしまった。もってのほかの騒がしい仏事であったことだ。

〈原文〉

甲斐国に、なにがしの右馬の四郎とかや云ふ者ありけり。末の子ながら、家を継ぎたりけるが、父の孝養の仏事しけるに、施主分に、「信心の孝子ゆゑに、聖霊の御最愛、余の御子息に勝りて、家をも継ぎ給へる事、且は当座の御導師も見奉りき。幼少にして先考の御膝の上に居て、愛せられておはせし事、申す計り候はず。目からふつと入りて、鼻からふつと出で、鼻からふつと入りて、口よりふつと出でなんどし給ひしかども、いとほしく思はれ給ひたり」と云ふ時、聴衆みな逃げにけり。この四郎も逃げけるを、同礼の俗、「わ殿の聞き給はでは、誰か聞くべき」とて、捕へてやらず。四郎は逃げんとす。上になり下になり取り組みて、事の出来たるやうにぞ有りける。説法も打ちさましてけり。以ての外騒々しき仏事にてぞありける。

（『沙石集』巻六―一「説経師の施主分聞き悪き事」）

『沙石集』に登場する人々は、説経師の話が聞き苦しいとみんなで逃げ出すという、現代から見ればいささか極端な行動に出る。現代よりも言葉の持つ力を信じていたからであろう。この話は、「目から…鼻から…口から…」と、放っておけばどんどん下の方へ下がって行くはずである。だからこそ、人々は話が落ちるところまで落ちないうちに我先に逃げ出したのである。これが、先にも挙げた梵舜本になると、「目からふっと入りて、鼻からふっと出、鼻からふっと入りて、口よりふっと出、口よりふっと入りて、尻からふっとはなれ給ひしかども、いとほしく思われ給ひたり」と、最後までしっかり書かれている。

これは確かに聞くに堪えない説経だが、しかし、この説経師は、四郎が父の膝の上で愛されていた頃の様子を説明したいばかりに、こうした表現を用いたのである。父子の愛情の深さが、子が父の体内をくぐりぬけたという表現で示されたのである。

実際には、子は父の体内から出てくることはない。この話は、父の体内から子が生まれるという擬似分娩を連想させる。中世の父と子の間には、濃厚な身体的なつながりがあり、父の膝の上に子が乗る仕草は、その象徴的な表現であったのではないだろうか。

ところで、以上に見てきた話は、いずれも男子が父の膝に乗る話であった。では、女子は父の膝に乗らないかというと、そうではない。『問はず語り』の著者である後深草院二条は、父が死んだ時の述懐で、自分が「生をうけて四十一日といふより、はじめて、ひざのうへにゐそめけるより、十五年の春秋をおくりむかふ」（巻一―十四「涙の海」）と述べている。[8]二条は、生後四十一日で初めて父の膝に乗ったことを、父と娘との絆を示す象徴的な出来事としているのである。

ただし、全体として見れば、父の膝に乗る子は男子が多く、それは、膝に乗るという行為には、後述するような政治的な意味があるからだろう

二　仏陀の膝に乗る羅睺羅

中世の説話では、仏陀でさえも、息子の羅睺羅《らごら》（ラーフラ）を膝に乗せる。すでに別稿で述べたところであるが(9)、平安末の一一一〇年（天仁三）に某内親王が催した法会の説経を集めた『法華経聞書抄』(10)には、父を知らずに育った羅睺羅が、父を間違えることなく探し当て、膝の上に乗ったという話が見える。

〈訳〉

ラゴラ（ラーフラ）は仏陀がシッタ太子（シッダールタ太子）として宮中におわしましたときにヤスダラ女の夫人（ヤショーダラー妃）が懐妊された御子である。仏陀が出家された後、久しくお生まれにならなかったので、太子の御子ではないのではないかと世の人は疑いを持った。悟りを開いた仏陀が父浄飯王の宮を訪れることになった時、今日こそは、このラゴラが仏の御子かどうかわかるだろうと、国王をはじめみな、重大事とお思いになっていた。仏陀は五百羅漢と同じ姿で居並んでいらっしゃったのを、ヤスダラ女が、五、六歳になるラゴラを簾の中から押し出し、「自分の親だと思い申し上げる人の所に行きなさい」とおっしゃったところ、ラゴラは万人をかき分けて仏陀の御膝の上にお座りになった。見る人々は哀れがり、情を動かされて、まことに太子の御子であったと信じたのであった。こうして、仏陀は元の三十二相の御姿に戻られた。

〈原文〉

ラコラハ、仏七太々子トシテ宮ノ内ニ御シトキ、ヤスタラ女ノ夫人ノハラミ給ヘル御子ナリ。仏出家シ給テ後、久クムマレタマハサリケルハ、太子ノ御子ニハアラヌニヤアラムト、ヨノ人ノウタカヒケルニ、仏ノ仏ニナリ給テ、父ノ上ホン王ノ宮ニ御トキ、ケフコソハ此ラコラヲ、仏ノ御子ナリトモ、又サモアラサリケリトモシラメト、国王ヨリハシメテ、大事ニオホシケルニ、仏五百羅漢ト形ヲナシクシテイナミ給ヒタルニ、ヤスタラ女ハ、コノラコラノイツ、ムツ許リナルヲ、スタレノ内ヨリヲシイタシテ、「我カヲヤトオモヒタテマツラムトコロヘマイレ」ト、ノタマヒケレハ、ラコラ、ヨロツノ人ヲカキワケテ、仏ノ御ヒサノウヘニイタマヘリケレハ、見ル人〳〵、アハレカリカナシヒテ、実ニ太子ノ御子ナリトナム、信シケル。カクテ、仏、本ノ三十二相ノ御スカタニナリ給ヌ。

五、六歳の羅睺羅は、居並ぶ僧形の羅漢たちの中から、父の仏陀を誤ることなくみつけて、その膝の上に乗る。羅睺羅の出生に疑いを抱いていた人々はその様子を見て、疑いを払拭して正しく仏陀の子であることを確信する。ここには、子は、たとえ会ったことがなくとも自分の父親を見分けられるのだという思想がある。そして、父子のつながりは、膝に乗るという仕草で確認されるのである。

この説話は、インドや中国に原話があるが、もともと、膝の上に乗るのではなく、羅睺羅が歓喜丸という薬を誤ることなく父の鉢の中に入れるという話であった。

出典は、龍樹（ナーガールジュナ）の作とされる『大智度論』（四世紀後期訳）[11]である。すなわち、悟りを開いてカピラ城に帰って来た仏陀を、浄飯王と耶輸陀羅（ヤショーダラー）は宮中に招じて食を供したが、この時、耶輸陀羅が一鉢の百味の歓喜丸という薬を羅睺羅に与え、仏陀に渡すように言う。この時、仏陀は五百人の阿羅漢をみな仏身のように変えてわからなくしたが、七歳の羅睺羅はただちに父に歓喜丸を進上した。こうして耶輸陀羅は、羅睺羅が仏陀の子であることを証明したが、実はこの歓喜丸というのは夫の心を取り戻すための薬（媚薬）であった。しかし、仏陀はいくら食べても動ずることはなかった。

ここでヤショーダラーは、子どもに媚薬を持たせるという、いささか奇妙な行動に出ている。『大智度論』に言わせれば、たとえヤショーダラーといえども、女性は出家を妨げる存在なのである。

また、中国の説話集『法苑珠林』（六六八年成立）[12]では、百味歓喜丸を作って羅睺羅に持たせ、父に届けるように命じるのは、仏陀の父の浄飯王である。ここでも羅睺羅は居並ぶ僧侶の中から父をみつけて、鉢の中に歓喜丸を入れる。『法苑珠林』には、歓喜丸が何の薬かは書かれていないが、名称からして媚薬であることは誰でもわかるだろう。ここでは、妻が夫の性愛を取り戻すために媚薬を渡すのではなく、家父長が、跡取り息子を探し、家に戻すために仕組んだわけで、家の論理が前面に出ている。

一方、『雑宝蔵経』（四七二年成立の漢訳仏典）[13]では、歓喜丸の話は消し去られ、耶輸陀羅が羅睺羅に「誰が御父様か」と問うと、羅睺羅は誤ることなく仏陀に礼をしてその足元に立ち、仏陀はその頭をなでるという筋書きになる。これとほぼ同様の話が、敦煌変文中の『太子成道経』（十世紀）にも収められている。ここでは、怪しげな歓喜丸の話が取り除かれ、ストーリーがシンプルな父子の対面に絞られ、子は父に礼をして足元に立ち、父はその頭をなでるという礼儀正しい父子関係が示される。子の礼は孝を表し、父が子の頭をなでる仕草は慈愛、恩愛を示す。儒教的な父子の秩序がここに見られる。

日本の平安時代の『法華経聞書抄』は、これらの説話を踏まえた上で、父子の対面を、膝に乗るという表現に置き換えた。父子の直接的で身体的なスキンシップである。当時の日本においては、膝に乗る仕草こそが、父と子の情愛をストレートに表現する象徴的な行為だったのであろう。そして、それを見た人々は、「あはれがり、かなしびて」父子の情愛の深さに涙するのであった。

三　祖父の膝が決めた皇位継承

寿永二年（一一八三）、平氏は木曽義仲に都を追われ、西海へ落ちた。このとき、安徳天皇と二宮（高倉天皇第二皇子）守貞親王は、平氏が連れて行った。そこで、都では次の天皇を即位させることにした。候補者には、後白河法皇の重祚、八条院（暲子内親王）、三宮（高倉天皇第三皇子）惟明親王、四宮（同第四皇子）尊成親王が挙がった。『平家物語』によれば、まず後白河の重祚については、「重祚は女帝の例しかない」として退けられた。また、八条院について、「鳥羽院ノ乙姫宮、八条院御即位有ベキ歟」という意見については、後白河が難色を示したため退けられた。そこで、丹後局が内々に後白河に対し、「三四の宮が確かにいらっしゃるのです。平家の世には世を慎んでいらっしゃいましたが、今は何憚ることがありましょうか」と告げたため、後白河は喜んで、二人の中から決めることにしたという。[14]『平家』には書かれていないが、実際には、木曽義仲が北陸宮（以仁王王子）を強く推し、朝廷がこれを拒否したことが『玉葉』によって知られる。[15]

そこで、候補者は、三宮と四宮の二人の幼い皇子に絞られた。後白河上皇は、幼い孫をどのように選んだのか。『平家物語』には、次のように書かれている。

〈訳〉

三宮と四宮を迎え奉り、法皇がご覧になったところ、三宮は法皇をひどく人見知りして、おむずかりになったので、「早く早く」と早々に帰らせてしまわれた。四宮は、法皇が「こちらへ」と仰せになると、素直に法皇の御膝の上にお行きになって、懐かしそうに思われていらっしゃるようだった。「我が子孫でなければ、このような老法師を、どうして懐かしく思うものだろうか。この宮こそ我が孫である」と言って、髪を撫で、「故高倉院が小さかった頃に瓜二つだ。たった今のことのように思われる。このような忘れ形見を留め置かれたのを、今まで会わずに来たとはのう」と言って、御涙をお流しになると、浄土寺二位殿が、その時は丹後殿（丹後局）と言って御前に侍っていらっしゃったのだが、これを見奉り、「あれこれ考える必要もございません。御位はこの宮にこそお渡しなさいませ」と申し上げたので、「そうしよう」と言って、お決めになった。後鳥羽院と申し上げる方がこれである。

〈原文〉

三四宮奉迎、法皇見マイラセケレバ、三宮ハヲビタゞシク法皇ヲ面嫌マヒラセテ、六借《むつから》セ給ケレバ、「疾々《とくとく》」トテ入帰セ給ニケリ。四宮ハ、法皇ノ「是へ」ト仰有ケレバ、無左右法皇ノ御膝ノ上ニ渡ラセ給テ、ナツカシゲニ思マヒラセ給タリケリ。「我末ナラザランニハ、カヽル老法師ヲバ、ナニシニカナツカシク可思。此宮ゾ我孫ナリケル」トテ、御グシヲカキナデヽ、「故院少《おさな》ク御セシニ少モ不違ハ。只今ノ事ノ様ニコソ覚ユレ。カヽル忘形見ヲ留置給ケルヲ、今マデ不見ケル事ヨ」トテ、御涙ヲ流サセ給ヘバ、浄土寺二位殿、其時ハ丹後殿ト申テ御前ニ候給ヒケルモ、是ヲ見奉ツヽ、「トカフノ沙汰ニモ不可及。御位ハ此宮ニテコソ渡セ給ハメ」ト申給ケレバ、「サコソ有メ」トテ定セ給ニケリ。後鳥羽院ト申ハ此御事也。

（延慶本『平家物語』巻四「高倉院第四宮可位付給之由事[16]」）

このように、『平家物語』によると、二人の幼い孫と対面した後白河法皇は、自分を人見知りした三宮ではなく、膝に乗ってきた四宮を、亡き高倉院にそっくりだと言って即位させる。「私の子孫でなければ、このような老法師を、どうして懐かしく思うものだろうか。この宮こそ我が孫である」と言う老法皇の姿は、どこかリア王を思わせ、文学としての『平家物語』の面白さを感じるが、ここには、実の子孫だからこそ、懐かしそうになついて膝に乗ってくる、という理解が見られる。それは、単なる血のつながりと言う意味にとどまらず、地位を継ぐ者としての意味がある。最後は、丹後局の一声で決断が下されたように書かれているのが面白い。

実際はどうであったのか。九条兼実の『玉葉』には、この対面の話は見られず、占いだけで決められたように書かれている[17]。すなわち、『玉葉』によれば、後白河が三宮か四宮かと思い煩っていたところ、木曽義仲が北陸宮を擁立してきた。朝廷では「以ての外の大事出来」と怒りながら議定が行なわれ、「北陸宮一切然るべからず」としながらも、武士の言うことは恐れがあるとして卜占を行ない、第一に四宮、第二に三宮、第三に北陸宮という順番が決められた。四宮が第一候補に決められたのは、後白河の女房で愛人の丹波局が、夢で、四宮が松の枝を持って歩くところを見たためであった。

このように『玉葉』は、『平家』のような、四宮が法皇を人見知りしなかったため四宮に決まったという説は載せていない。したがって、人見知り説は、事実ではなかった可能性が高い。だが、兼実の弟の慈円は、『愚管抄』に、『玉葉』とは異なる人見知り説の方を採用している。『愚管抄』には、簡潔ながら「三宮・四宮ナルヲ法皇ヨビマイラセテ見マイラセラレケルニ、四宮御ヲモギライモナクヨビヲハシマシケリ」（三宮・四宮を法皇がお呼びになってご覧になったところ、四宮は人見知りせずなついていらっしゃった）とあって[18]、その後で占いの事も書かれている。神意を問う占いの前に対面が行なわれ、四宮が人見知りせずなついたというのは、貴族社会のうわさになっていたのであろう。『平家』の伝える、法皇の膝に乗ったために四宮に決まったという説も、貴族社会のうわさであった可能性がある。

事実はどうあれ、人々の意識の中で、幼い後鳥羽は、祖父後白河の膝に乗って見せることで、皇位を継承したのである。ここで、膝に乗るという仕草は、単なるスキンシップを超える象徴的な意味を持つ。祖父の膝は、祖父から息子へ、孫へと直系で受け継がれるべき皇統のつながりを示す政治の場に他ならなかったのである。

そうすると、「父が膝に子を乗せる／子が父の膝に乗る」という仕草は、単に父子の情愛を示すにとどまらず、もう一つ別の象徴的意味を持って解釈されることになる。それは、確かに血のつながった父子であり、父の（家の）継承者としての資格を持つ子であるということを表すのである。それは、仏陀と羅睺羅という聖父子も例外ではなかった。だから、父の膝に乗る子は男子が多いのである。

いま一度、『沙石集』巻六―一の「目から…鼻から…口から…」の話を見てみよう。注目すべきは、「聖霊の御最愛、余の子息に勝りて、家をも継ぎ給へる事、且は当座の御導師も見奉りき。幼少にして先孝の御膝の上に居て、愛せられておはせし事、申す計り候はず」という部分である。ここで導師は「亡き父上の御最愛が他の子息に勝って、家をもお継ぎなさったことは、この導師も拝見しておりました」と言っているのだが、導師は具体的に何を見たのか。導師が実際に目にしたのは、「幼少の頃、亡き父上のお膝の上にいて、愛せられていらっしゃった様」である。その仕草は、「最愛」の度合いを示すが、それはとりもなおさず、「家をも継ぎ給へる事」を予見させる象徴的な意味を持っていたのである。

現在でも、日本社会は椅子やテーブルを利用するも、床に直接座る生活様式が基本的に変わっていないこともあり、幼児はしばしば父母、家族や保育士の膝に乗るが、それは家を継ぐといった意味を持たない。中世でも、実際の生活の中では、家を継ぐ子しか父の膝に乗れなかったわけではないだろう。もしそうであったなら、父の膝をめぐる兄弟争いの話などが残りそうなものだからだ。そういった説話は存在しないので、父の膝は厳密な規範の中にあったわけではない。

ここで論じたのは、あくまでも象徴的な意味で、父の膝に子が乗るイメージは、継承されていく家を表象するものであったということである。

おわりに

以上に見てきたことをまとめると、中世における父（祖父）の膝は、次のような意味合いを持っていたと言えよう。

①父と子の直接的なスキンシップの場。中世の父と子は、身体的な密接なコミュニケーションを有していた。

②実の父子であることを示す場。すなわち、出産・授乳を経ない父子関係において、血のつながりを確認する場であった。誰に教えられなくとも、父仏陀を迷わず探し当てた幼い羅睺羅や、後白河院が膝に乗った子を正しく自分の孫であると認定した話は、それを示している。

③しかし、父子のつながりは、単なる血縁の情で終わることはない。父から子へと家を継承していく必要がある男性にとって、子への愛情は、社会的な意味を帯び、変質を余儀なくされるのである。父が子を膝に乗せる仕草は、自分の家の継承者であることを認め、世に示す行動となる。ここに挙げた説話の中で、父の膝に乗っている子が男子ばかりなのは、このことを示していよう。だからこそ、『平家物語』の中で後白河院は、自分から膝に乗ってきた後鳥羽を皇位継承者に決定したのである。

子どもは、現在でも自発的な行動として、父の膝に乗って遊ぶ。中世においても、子どもは自然にそのようにしただろう。しかし、ある仕草についての意味、社会的にそれをどう読み、位置づけるかといったことは、時代によって異なるのである。

さらに、絵巻物『春日権現験記』の中には、神がかわいらしい男の子の姿で、僧の膝に化現した絵もある。[19]詳しいことは未考であるが、男性の膝は、神仏と交流する場でもあったようだ。

黒田弘子は、中世におけるオンブに注目し、ジェンダーの視点からオンブという仕草の象徴的な意味を読み解くという興味深い仕事をされた。[20]ジェンダーは細部に宿るのである。中世の人々の身体を用いたコミュニケーションから読み取れることは多い。

本稿は、男性の身体論という意味を持っている。男性の側から見たジェンダーの歴史学を、今後も追及していきたいと思う。

註

（1）中世における母と子の精神的結びつきについては、大隅和雄「女性と仏教——高僧とその母——」（『史論』三六、一九八三年）、脇田晴子「母性尊重思想と罪業観」（脇田晴子編『母性を問う』上、人文書院、一九八五年。のち脇田『日本中世女性史の研究』東京大学出版会、一九九二年、所収）などを皮切りに、次々と論じられている。

（2）たとえば、ジェンダー史学会は、二〇〇五年の第二回研究大会において「国民形成と「兵士」——近代日本の男性性とポリティクス」というテーマを掲げた。その会誌『ジェンダー史学』のバックナンバーには、タイトルに「男性性」を掲げた論文として、大日方純夫「「帝国軍隊」の確立と「男性」性の構造」（同誌二号、二〇〇六年）、山田（内田）雅克「ウィークネス・フォビアの形成——明治期少年世界に見る〝男性性〟」（同三号、二〇〇七年）、林葉子「安部磯雄における「平和」論と断種論

――男性性の問題との関わりを基軸に――」（同五号、二〇〇九年）がある。いずれも近代社会を扱っている。
（3）海妻径子『近代日本の父性論とジェンダーポリティクス』、作品社、二〇〇四年。
（4）服藤早苗『平安朝の父と子』、中公新書、二〇一〇年。
（5）小島孝之校注・訳『沙石集』〈新編日本古典文学全集〉小学館、二〇〇一年）が、古本系米沢本を底本にしている。米沢本は、完本が存在する伝本の中では、最も古態を残すとされる。
（6）渡辺綱也校注『沙石集』〈日本古典文学大系〉岩波書店、一九六六年）が、梵舜本を底本にしている。また、同書の解説において、『沙石集』の伝本を詳細に分類し、梵舜本は本文が流布本系に近く、その文体も米沢本などに比べるとはるかに漢文訓読調であるが、巻六以下に他本に見られぬ多くの説話を含むとしている。
（7）拙稿「母の力――『沙石集』に見る神がかりと女性観――」、拙著『仏教と女の精神史』吉川弘文館、二〇〇四年。
（8）玉井幸助校訂『問はず語り』、岩波文庫、一九六八年。
（9）拙稿「日本におけるシーターの「貞操」」、『仏教史学研究』四二―二、一九九九年。のち、論説資料保存会『中国関係論説資料』二〇〇一年、所収。拙著『仏教と女の精神史』吉川弘文館、二〇〇四年、所収。
（10）山岸徳平解題『法華修法一百座聞書抄』、法隆寺蔵、勉誠社出版、一九七六年。黒部通善「『法華経百座聞書抄』における羅睺羅出家説話」、『愛知医科大学基礎科学科紀要』六、一九七九年。
（11）『大智度論』、『大正新脩大蔵経』二五。
（12）『法苑珠林』、『大正新脩大蔵経』五三。
（13）『雑宝蔵経』、『大正新脩大蔵経』四。
（14）延慶本『平家物語』第三末―三六「新帝可奉定之由評議事」、高山利弘編『校訂延慶本平家物語』七、汲古書院、二〇〇五年。
（15）『玉葉』寿永二年八月一四日条に、後白河が三宮か四宮かと思い煩っていたところ、木曽義仲が北陸宮を擁立してきたことについて、「以外大事出来了」と記している。続く八月一八日の議定では、右大臣九条兼実が欠席のもと、関白松殿基房、摂政近衛基通、左大臣藤原経宗がそろって「北陸宮一切不可然」としながらも、武士の言うことは恐れがあるとして卜占を行ない、第一が四宮、第二が三宮、第三に北陸宮という順番になった。

(16) 延慶本『平家物語』第四―一「高倉院第四宮可位付給之由事」、小番達・櫻井陽子編『校訂延慶本平家物語』八、汲古書院、二〇〇五年。

(17)『玉葉』寿永二年八月一四日条、同八月一八日条。

(18)『愚管抄』巻五「安徳・後鳥羽」、岡見正雄・赤松俊秀校注『愚管抄』「日本古典文学大系」八九、岩波書店、一九六七年。

(19) 小松茂美他『春日権現験記絵』〈続日本絵巻大成〉、中央公論社、一九八二年。

(20) 黒田弘子「室町・戦国の性愛とそのゆくえ」、総合女性史研究会編『日本女性の歴史―性・愛・家族』角川書店、一九九二年。同「女のオンブ・男のオンブ――中世のセクシュアリティ――」、黒田弘子・長野ひろ子編『エスニシティ・ジェンダーからみる日本の歴史』吉川弘文館、二〇〇二年。

第七章　鎌倉の禅尼たちの活動とその伝説化について

はじめに

日本の中世において、ジェンダー間の不均等に対するまとまった批判がなされたのは、山や寺の女人禁制についてであった。あるときは結界に阻まれて空しく死んでいく女人の物語として、また、あるときは禅宗の僧侶による批判として、異議申し立てが繰り返された。道元は次のように述べている。

日本国に一つのわらいごとあり。いわゆるあるいは結界と称し、……比丘尼・女人等を来入せしめず。……あるいは権者《ごんざ》の所為《しょい》と称し、あるいは古先の遺風と号して、さらに論ずることなき、笑わば腸《はらわた》も断じぬべし。

（原漢文『正法眼蔵』[1]）

これまでの女性と仏教に関する研究では、経典に見られる五障（女は梵天・帝釈天・転輪聖王・魔王・仏になれない、すなわち成仏は叶わない）・三従（女は父・夫・息子に従わなければならない）、女人禁制、変成男子説といった仏教的女性差別観が、日本社会にいかに受容されていったかが問題にされてきた。これらの言説は、平安時代の九世紀半ばごろから貴族社会で語られるようになり、次第に一般に広まっていくが[2]、鎌倉時代にはまだ一般の在地社会には普及しておらず、室町末の十六世紀、近世へと移り変わる時代の中で民衆へも広く普及していった[3]。

尼寺は、古代には盛んに建立されていたが、九世紀には多くが退転した。しかし、鎌倉時代に入ると、再び尼寺が多く建立されるようになる。その宗派は、主に禅宗と律宗であった。(4)

このうち、律宗の尼寺については、細川涼一の一連の研究がある。(5) 細川は独特な「尼寺収容所論」を展開し、研究史に影響を与えたが、批判もなされた。たとえば西口順子は、室町時代の貴族や天皇の家において、その家の女性たちが入寺した「家の尼寺」の役割の大きさを指摘し、尼寺は収容所でないことを実証している。(6) ただ、細川が言うように、律宗の僧侶たちが盛んに女人の罪深さを強調し、その救済を掲げて尼寺を再興したのは事実である。問題は、それが尼たちの意識とイコールではないということである。

一方、禅宗は、ことさらに女の罪障を言い立てて救済する立場を取らなかった。坐禅を組み、テキストの権威に依拠することなく自分の頭で考え、問答し、日常の作務や生活全般を修行と考え、基本的には男女によらず、自力で悟りに達することを目指していた。(7) 非常に中国化した仏教であり、日本では鎌倉時代に、栄西が臨済宗、道元が宋から曹洞宗を伝え、本格的な禅宗が開始された。十三世紀には、元に追われた宋の禅僧が多く日本に渡来し、純粋な禅がもたらされ、本格的な展開を遂げていった。

禅宗は、優秀な尼たちを輩出した。バーバラ・ルーシュは、京都の尼五山の一つである景愛寺の開山となった無外如大《むがいにょだい》の頂相に出会い、この傑出した禅宗の尼を高く評価した。(8) そして、彼女の存在に気付かなかったこれまでの歴史家を批判した。このルーシュの指摘は、まさにジェンダー研究を取り巻く学界状況そのものである。

たとえば、東京国立博物館における『鎌倉　禅の源流』(9) の展覧会図録を見ると、尼寺の扱いがきわめて小さく解説も少ない。尼寺関係の展示は二点、東慶寺蔵「水月《すいげつ》観音菩薩遊戯《ゆげ》坐像」と、もと鎌倉尼五山第一の太平寺本尊であった「観音菩薩立像」（現東慶寺蔵）が出品されていた。その解説文には、「水墨画から抜け出たような情趣に満ちたこの姿は、女性の念持仏としてふさわしい」（「水月観音菩薩遊戯坐像」）、「尼寺に伝来した像らしく、なで肩で女性的な姿を示す観音像である」（「観音菩薩立像」）と、過剰にジェンダーを強調した評価が書かれている。尼寺は禅宗史の彩りとしての扱いを受けており、尼寺が禅宗そのものの在り方に関わるという発想はない。

実際には、鎌倉における禅は、北条政子が栄西を招いたことに始まる。宮城県の松島瑞岩寺に展示されている禅宗史の年表には、そのことがきちんと記されていた。

本稿では、鎌倉の禅宗史における幕府周辺の女性たちの寄与を正当に位置づけたい。さらに、彼女たちの同時代の史料に見られる事績と、後世に形作られたエピソードを比較することで、彼女たちの伝説化が如何なる方向で行なわれたのかを考察する。そこに見えてくるのは、律宗とは異なる禅宗における、もうひとつの女性と仏教の流れである。

一　如実妙観（北条政子）——栄西との出会いと鎌倉僧都貞暁との関係——

日本の禅宗史は、この人の存在を抜きに考えることはできない。

一一九九年（建久一〇）、夫である源頼朝の死を契機に、北条政子は出家した。後家尼となったわけであり、以後、彼女の政治活動も本格化するが、同時に、これまで以上に仏道に心を寄せる尼としての生活も始まったのである。政子は戒名を如実妙観《にょじつみょうかん》と称した。この時代の女性の多くは、最初は髪を尼削ぎとした垂尼《さげあま》で、数年後に完全剃髪をするという二段階出家を行なっていたが、如実妙観の場合にはそうした記録がなく、頼朝の一周忌に政子の髪をもって阿字（曼荼羅）一鋪を縫って法華堂で供養を行なった記録があるから（『吾妻鏡』正治二年正月十三日条）、おそらく最初から完全剃髪だったと思われる[10]。

如実妙観の活動で、最も注目すべきは、栄西を鎌倉に招いて金剛寿福寺を創建したことである。日本の禅宗発達史は栄西と如実妙観との出会いに始まると言っても過言ではない。前著で指摘したように、彼女の本尊は白檀の釈迦如来像であり、禅の影響を受けた中国風のものであった[11]。ただし、栄西が鎌倉で行なった仏事は、旧仏教との兼修であって、純粋禅ではなかった。

実際、如実妙観は高野山との関係も深かった。頼朝の追善のため、安達景盛が本願となって、高野山の禅定院を再興して金剛三昧院を建立し、如実妙観が多宝塔を建立、三代将軍の菩提に資した。また、高野山麓で女性たちが多く住んだ天野の地に、三宮、四宮と御影堂を創立し大施主となっている（『高野春秋』承元二年[12]）。

如実妙観と高野山をつないだのは、貞暁である。彼は、頼朝が他の女性との間になした子であり、結局は如実妙観が面倒を見て、仁和寺で出家させた後、遁世して高野山に入れた。貞暁が生まれたときには、政子は非常に立腹した（『吾妻鏡』文治二年（一一八六）二月二十六日条）。貞暁の母は、『吾妻鏡』によれば常陸介藤原時長の娘、『尊卑分脈』では「藤原頼宗女」とあり、頼朝の殿中に祇候する女房で、日ごろから密通があったという。これに対する政子の嫌悪が甚だしいので、御産の儀礼はよろず略儀となった。さらに、同年の十月には、この若公（貞暁）を扶持していた御家人が政子の怒りに触れ、若公を連れて深沢辺に隠居したとある（同文治二年十月二十三日条）。このころの政子は、貞暁の存在すら認めない勢いであるが、結局は、生涯にわたって貞暁の面倒を見、見守ることになった。戦乱によって不遇な立場に置かれた親族の者を庇護するのは、親族のトップに立った女性の役目であり、貞暁も例外ではなかったのである。だが後年、如実妙観が鎌倉を背負って立ち、貞暁が真言の高僧として「鎌倉法印」（三位僧都）と呼ばれるに及んで、二人の関係は変わってくる。

一二〇八年（承元二）三月、『高野春秋』承元二年春三月の記事に、鎌倉法印貞暁が北条義時の権勢をはばかって御室から高野に移り、五坊中に蟄居したことが見えている。何かが起こったのであろう。その記事の割注に、彼の伝記が次のように記されている。

〈読み下し〉

暦代編年に曰わく、貞暁上人は頼朝卿三男。幼児より随御室法親王に随い、薙染受法すと云々。終に高野山に世を遁れ、行勝に師承す。如法安泰、前将軍の菩提を祈り、北条氏の隠謀を免る。二位尼の鍾愛を得。而して天年を経智坊に終る。その廟所、阿弥陀院上山に在り。

〈原文〉

暦代編年曰。貞暁上人者。頼朝卿三男。自幼児随御室法親王薙染受法云云。終遁世于高野山。師承於行勝于。如法安泰祈前将軍菩提。免北条氏之隠謀。得二位尼之鍾愛。而終天年於経智坊。其廟所在阿弥陀院上山也。

貞暁は、頼朝の息子で、しかも北条の血筋でないというきわめて難しい危険な立場で生きなければならず、彼を利用しようと目論む者も多かったであろうし、少しでも不審な振舞いをしたなら命の保障はなかったであろう。この人物を、如実妙観は、あくまでも出家・遁世という道を歩かせることで、監視しつつも守ったのである。余談だが、この対応を見ると、政子は修善寺に幽閉したわが子頼家にも、貞暁のような道を歩ませたかったのだろうと想像するものである。

その年の十月、如実妙観が高野を訪れている。何か政治的な意図があって貞慶と会ったのかもしれないが、このとき彼女は貞慶の勧めによって高野の天野に御影堂その他の堂宇を建立している。

〈読み下し〉

二位禅尼如実、熊野参詣の路次より、天野宮に来褉し、三四宮及び御影堂《みえどう》創造の大檀主たり。これ、行勝・貞暁両上人の勧化によってなり。

〈原文〉

二位禅尼如実自熊野参詣之路次来褉于天野宮。為三四宮及御影堂創造之大檀主。是依行勝・貞暁両上人之勧化也。

天野といえば、女人禁制の高野山に息子や兄弟を入れた母や姉妹が多く住んだ場所である。その女性たちの信仰の地に、如実妙観は貞暁の勧めによって堂宇を建立した。貞慶は、彼女の仏法の師にもなったのである。この如実妙観の堂宇建立は、後世になると、女人禁制の高野山に登れぬ女性たちを救済するために行なわれたと解釈されるようになる。すなわち、『高野春秋』の右の記事の割注には、次のようにある。

〈読み下し〉

別書にいわく、二位尼公、御影堂を天野宮辺に新造す。これいわゆる山上大師拝参は女人制止の故、往きて直ちに拝礼せずをもって恨みとなす。よって今末世の女姓《(ママ)》を憐れみ、結縁のためかくのごとし。

〈原文〉

別書云。二位尼公。新造御影堂於天野宮辺。是所謂山上大師拝参者。女人制止故。以往不直拝礼為恨。仍今憐末世女姓。為結縁如斯矣。

すなわち、後世おそらくは江戸時代の編纂時に存在していた「別書」なるものによれば、如実妙観が天野の堂の檀乙になったのは、女人禁制のために高野山に上ることができない多くの女性たちのためであるという。実際、如実妙観自身が女人禁制についてどう思っていたかは不明であるが、天野という女性たちの信仰の地に堂を建立したということは、女性のためという意識はあったであろう。だが、鎌倉時代の史料には、女人禁制に苦しむ女性の救済のためとまでは記されていない。『高野春秋』の注が書かれた近世において、それが女人禁制に苦しむ女性を救う行為として明記されたのである。

続いて一二二三年（貞応二）、『高野春秋』同年二月条には、貞暁が三代将軍のために阿弥陀堂と三基の五輪塔を建立し、如実妙観が檀乙となったことが記されている。後世の割注によると、この阿弥陀堂の阿弥陀仏像は運慶作で、頭の中に三代将軍の遺髪を籠めたとある。

一二二五（嘉禄元）年、如実妙観は亡くなったが、それから数年後の一二三一年（寛喜三）三月九日、貞暁は四十六歳で亡くなった。折からの天下飢饉のさ中であった。

二　本覚尼――僧寺の建立とアジール――

次に、如実妙観の同時代の尼として、禅宗ではないが、本覚尼について触れておきたい。源実朝の妻であった坊門信清の娘は、実朝の死後、出家して京都に帰り、本覚尼（西八条禅尼）と称した。本覚尼については、細川涼一の研究がある[13]。本覚尼は京都における源実朝の邸宅であった西八条第を遍照心院とした。安達景盛が本願となり、政子が多宝塔を建立した高野山金剛三昧院の長老真空が開山となった。政子は自筆書状をもって伊予国新居荘を寄進している。遍照心院は、禅宗ではなく、律宗を中心に、三論宗、真言宗、念仏を兼修する寺であった。

本覚尼の居住した寺は尼寺であったはずだが、彼女は遍照心院を僧寺としたようである。置文の中で衆僧たちに「長老を父のごとくニあをき、檀那を母のことくにたのめり」と訓戒していて、ここで檀那というのが彼女自身のことであれば、自ら僧衆の母を以て任じていたことになる（『鎌倉遺文』一一〇九一号、『大通寺文書』[14]）。

なお、本覚尼が書いた置文に見られる「子細他所ニことなり、たとい重過の物なりといへとも、このうちニ入ぬれハ、他人らうせきをいたす事なし」（『鎌倉遺文』一一〇九三号）という部分は、アジールについての最も早い例として平泉澄が紹介したものである[15]。

興味深いことに、本覚尼は、かつて高岳親王（真如法親王）が仏法を求めて天竺に赴く途中で客死したことを、「むかし真如親王仏法をもとめんためニ、天竺へおもむき給き、流沙道けあしくして、その身むなしくなりはてぬ、いのちをわすれてのりをひろむる心さし、ひとへニ利益衆生のためなり、」と高く評価している。実際には、高岳親王は広州からインドに向けて船出して消息を絶ったのであるが、流沙のシルクロードで消息を絶ったように認識されていて、彼女の国際認識を知る上で興味深い。

三　覚山志道――無学祖元に師事し、東慶寺を建立――

北条政子の場合は、禅寺に入って修業したわけではなかった。晩年の棲みかは、勝長寿院の奥地に自ら建立した御堂御所で、平安時代以来、高貴な女性が持仏堂と晩年の御所を兼ねたものに他ならなかった。しかし、次に取り上げる覚山志道の場合は異なっていた。

覚山志道禅尼は、北条時宗の後家で、鎌倉に東慶寺を創建した。彼女の伝記は、すでに井上禅定[16]、小丸俊雄[17]、湯之上隆[18]らの研究がある。しかし、歴史学全体では不当に等閑視されてきた様に思う。たとえば、展覧会図録『北条時宗とその時代[19]』には、時宗の妻たる彼女について一言の言及もない。女性と禅宗についての本格的な論文である原田正俊「女人と禅宗」[20]でも触れられていない。私も関わった『中世内乱史人名辞典』[21]にも、彼女の名は立項されなかった。

覚山志道は、一二五二年（建長四）、安達義景の娘として生まれた（『吾妻鏡』建長四年七月四日条）。当時は、安達氏の娘が次々と北条氏の妻となっていた。次頁の系図を参照されたいが、安達義景の妹が、障子の張替えで有名な松下禅尼で（『徒然草』第一八四段）、北条時氏の妻である。

そして、義景の子である泰盛の娘が、無外如大禅尼とされている。覚山志道の姪にあたる無外如大は、父の安達泰盛が滅ぼされ夫が配流となった霜月騒動（一二八五年〈弘安八〉）の後に、無学祖元に師事して出家し、京都に上り、やがて禅の尼寺である景愛寺の開山となったとされる。しかし、無外の事蹟を記した『宝鏡寺事蹟』では、無外如大（一二二三～九八年）は、叔母の覚山志道（一二五二～一三〇六年）よりも三十年近く年上で、さらに、父の安達泰盛（一二三一～八五年）よりも年上になってしまうのであり、その伝記にはまだまだ不明な点が多い[22]。

さらに、安達泰宗の娘で北条貞時の妻となり、高時の母となった女性も、覚海円成と名乗って伊豆円成寺の開山となるが、これについては後述する。

さて、覚山志道は、一二六一年（弘長元）、数え年で十歳のとき、十一歳の北条時宗と結婚をした。堀内殿と呼ばれた。一二七一年（文永八）、二人の間に貞時が生まれた。ちょうどその時、日蓮が龍ノ口で斬られんとしていたが、貞時誕生の報により死罪を免れ、佐渡に配流となった。その年、フビライ・カンが国号を大元と定めていた。

十三世紀のユーラシアは、モンゴル民族拡大の時代である。モンゴルに圧倒された南宋からは、禅僧が日本に渡来してきた。一二四六年（寛元四）、蘭渓道隆が渡来、北条時頼の招きに応じ、鎌倉に一二五三年（建長五）、建長寺を創建した。少年時代の北条時宗が蘭渓の教えを受けていることから、少女時代の覚山志道もまた、蘭渓の教えを受けたことだろう。しかし、蘭渓道隆は、時頼の死後、一二七八年（弘安元）に亡くなってしまった。

　蘭渓を失った北条時宗が鎌倉に招いたのは、元の兵に斬られるところを端座して偈を唱え、気迫で敵を追い払ったという無学祖元であった。南宋が一二七七年に滅びた翌々年、無学は時宗の招きによって来日し、一二八二年（弘安五）、鎌倉に円覚寺を創建した。時宗はモンゴル戦争に際して強気の態度を取り、金剛経、円覚経を血書したが、そこには元の刃をくぐり抜けた無学祖元の存在があった。当時の鎌倉の禅林は中国風な雰囲気で、師は中国語を話し、中国語と日本語の双方が飛び交ったという。(23)

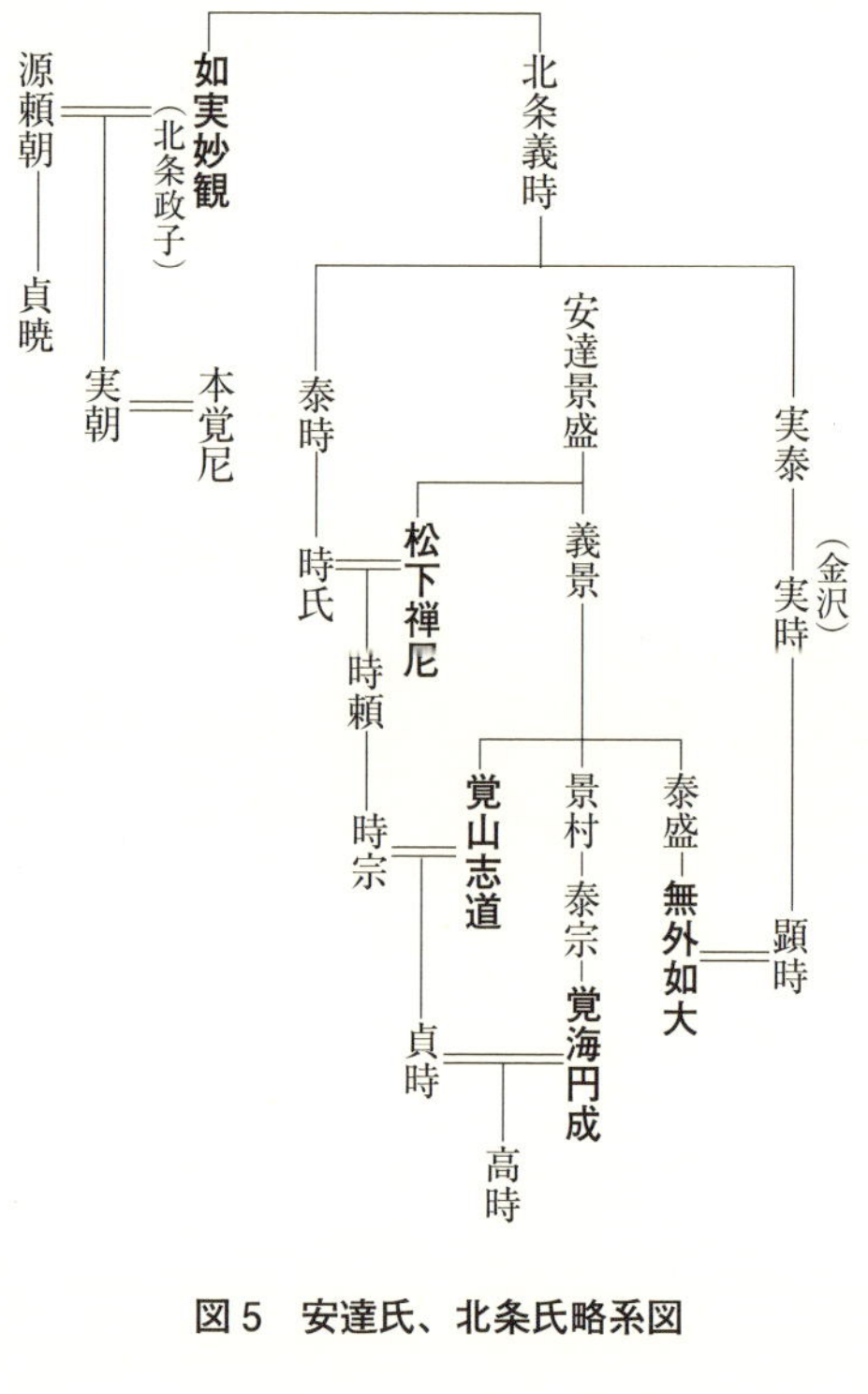

図５　安達氏、北条氏略系図

　二度のモンゴル襲来の後、北条時宗は一二八四年（弘安七）に三十四歳で死去した。臨終に当たって、無学祖元を戒師として落髪付衣をして出家し、法光寺殿《でん》道杲と命名され、同時に妻の堀内殿も三十三歳で落髪付衣の上、出家をした。ここに、覚山志道、または潮音院殿と称される禅尼が誕生したのである。当時、妻は夫の死後に出家して後家尼となるのが普通であったが、彼女の場合は、臨終の夫と同時に出家したのである。『仏光国師語録』(24)には、法光寺殿（時宗）の落髪・付衣、覚山志道の落髪・付衣の順に偈が載せられている。このことから、二人は同様なやり方で落髪・付衣したと考えるのが自然であり、女性のみが尼削ぎとは考え難く、如実妙観同様、最初から完全剃髪だったと思われる。高僧といえども難民である無学祖元にとっては、自らの弟子となった執権の後家尼の存在は頼もしいものであったと思われる。以後、無学祖元は、覚山志道によって保護されることになる。

翌一二八五年（弘安八）、覚山志道は円覚寺の隣に東慶寺を開創した。開基は、十五歳の息子北条貞時が務めた。これは、従来の高貴な女性たちが終の棲家として御所と持仏堂を兼ねる寺庵を建てたのとは異なり、複数の尼が止住し、組織を持ち、永続性のある尼寺であった。これまでにない中国風の本格的な禅宗尼寺の誕生である。

この年の終わりに霜月騒動が起こり、覚山志道の兄の安達泰盛をはじめ、実家の安達一族が滅亡した。覚山志道の受けた打撃は大きかったに違いない。その苦しみの中で、覚山志道が没頭したのは、翌一二八六年（弘安九）四月の北条時宗三回忌に向けて八十一巻の華厳経を書写することであり、彼女は実際にそれを成し遂げた。これについて、無学祖元が次のような讃辞を贈っている。

只《た》だ覚山上人一年周《あまね》からず、華厳妙典八十一巻を書写して、法光寺殿に報薦《ほうせん》するが如くんば、功何《こういづ》れの處にか帰す。転身《てんじん》の一歩方便を超ゆ、果園林に満つ劫外の春。復た云く、人生百歳、七十の者稀なり。法光寺殿 歯《よわい》四十に満たず、功業を成就すること、却って七十歳の人の上に在り。看《み》よ他《た》、国を治め、天下を平定することを。喜怒の色有ることを見ず。矜誇衒耀《きょうこげんよう》の気象有ることを見ず。此れ天下の人傑なること也た自如《じにょ》たり。弘安四年虜兵百万博多に在れども、略経意《ほぼけいい》せず、但だ毎月老僧を請じて、諸僧と与に下語《あぎょ》し、法喜禅悦《ほっきぜんねつ》を以て自ら楽む。後果《のちはた》して仏天響《ぶってんひびき》のごとく応じて家国貼然《かこくちょうぜん》たり。奇なる哉此の力量有ること、此れ亦仏法中再来の人なり。仏説きたまふ、菩薩人、梵行を進修《しんしゅ》すれば、復た菩薩有って、或は妻子眷属と為り、種々菩薩の諸の梵行を修《しゅ》するを成就して、其れをして円満ならしむ。今日覚山上人、法光寺殿と曠劫《こうごう》以前、毘盧遮那会中《びるしゃなえちゅう》、請願深重《じんじゅう》にして、生を人間に示し、王臣と作《な》ることを示し、夫婦と作ることを示し、権貴と作ることを示し、生死の為にすることを示し、虚幻《こげん》の為にすることを示し、悲悼《ひとう》を為すことを示し、大勇猛を発して此の人経を書す。人の行じ難き所を行じて、天下の人をして感動し、菩提心を発して、阿耨多羅三藐三菩提《あのくたらさんみゃくさんぼだい》を成就せしむ。奇なる哉、讃《さん》すれども能《よ》く盡《つく》すこと莫《な》し。

（原漢文『国譯仏光圓満常照国師語録』[25]）

ここで無学祖元は、モンゴルの襲来にも動じず無学と禅語を楽しんでいた時宗の功績を褒め称え、覚山志道を「覚山上人」と呼んで、経を書写したこと、仏法への貢献を傍線部のように褒め称えている。

この年の九月三日に、無学祖元は亡くなった。無学の衣は、北条一門出身という無象静照に預けられ、無象は覚山志道に預け、覚山志道は無学の法を嗣いだ高峯顕日に預け、そして夢窓疎石に伝えられたという[26]。ここでの法衣とは、嗣がれていく法灯の表象でもある。覚山志道は、無学の法灯を継いで伝えたのである。

覚山志道は、他の禅僧らとも親密に交わり、教えを乞うた。無学と共に来日した鏡堂覚円の語録には、「志道大師求語　大方殿」として、次のような話が見えている。ある日、覚山志道が鏡堂覚円に向かって、「既にこれ本性を見おわんぬ。還ってさらに工夫を作し、公案を看るやいなや」と問い、鏡堂は修行には限りがないと答えているが、彼女を評して「これ女流と

図6　覚山志道尼像（提供：東慶寺）

いえども、かえって丈夫の志あり。幼稚の間より、深くこの道を信ず」と評している[27]。さらに、自己の足元を見ることが一段の大事であり、このことは、男女、貧富、貴賤を問わないのだと述べている[28]。

すでに論者が指摘しているように、覚山志道は、その財力をもって仏教界に力を持っていた。たとえば、紀伊国の粉河寺に補陀禅院を建てさせ誓度院と号し、それが天皇の祈願所となったという（『鎌倉遺文』二二三八九三号）。さらに、『円覚寺文書』には、覚山志道が建長寺に丹後国成松保を寄進したことに関する一連の文書が残っている（『鎌倉遺文』二三二一一〇号「崇演（北条貞時）書状」、二五八二二号「円成（北条貞時後室）書状」いずれも『円覚寺文書』）。

いま、東慶寺には覚山志道の頂相がある（図6）。無外如大の眼光鋭い面構えとは異なる、ふくよかで穏やかな中高年の女性像であるが、これも確かな人生の年輪を重ねた面貌に違いない。覚山志道は一三〇六年（嘉元四）十月九日に五五歳で亡くなった。その墓は、夫と共に、円覚寺の奥の仏日庵に設けられた。

いま、円覚寺の鐘がある高台に立つと、真正面に東慶寺が望める。道を隔てて向かい合う、この僧寺と尼寺は、人々にペアとして認識されたことであろう。

四　ジェンダーを意識した伝説の変容

十六世紀に編纂された、鎌倉武士と禅の関係を綴った『湘南葛藤集』（『武士禅機縁集』[29]）には、覚山志道およびその後の東慶寺住持たちのエピソードが多く載せられている。そこでは、尼たちが、女性ゆえの差別や苦難と闘い、男社会で奮闘する様が描かれている。

まず、覚山志道が刀を見せて男僧を論破したエピソードである(30)。

一三〇四年(嘉元二)、円覚寺の法会にて、桃渓和尚(円覚寺四世)が志道尼(北条時宗室、東慶寺開山)を印可(悟りを確認)した。その会中に雲首座《うんしゅそ》なる者があり、尼が印可を受けることに反対して言った。「我が宗で印可を得る者は、臨済録を提唱することになっている。尼師殿はそれができますかな」。すると、尼は顔の前に懐刀(九寸五分)を出して言った。「禅師殿は祖庭の人ですから、座に上って書を講義なさったら宜しかろう。私は武門の婦ですから、このように刀を出して宗旨を示します。何の書が必要でしょうか」。雲首座はまた言った。「父母が生まれる前ならば、何をもって宗旨を示すのか」。尼は瞑目し、しばらくしてから言った。「父母が生まれる前に法会に会することがありましょうか」。首座は言った、「一瓢傾け尽くす桃渓の裡、酔眼看来る十里の花」。ここでの問答は、禅の公案となった(第八十七則「志道尼提唱」より)。

『湘南葛藤集』は、さらに、覚山志道が鏡を見ているときに悟りに達した話を載せ、そのために以後の東慶寺の尼たちは鏡に向かって座禅を行なうことになったとしている。いま、現代語訳してこれを載せる。

鏡禅の由来

承久の乱が起こる五十日前、尼将軍北条政子の夢に、二丈ほどの大鏡が由比ガ浜の波間に浮かび出て、声が聞えた。「我は太神宮である。天下の形勢を見ると、近日、世が乱れて、兵を集めることになろう。泰時が我をみがかば、太平を得るであろう」と言うので、泰時は波多野次郎朝定を奉幣使として、由比ガ浜の大神宮に遣わし、国家太平を祈ったのであった。そして、承久の乱が鎮定された後に、泰時は尼将軍の夢に出てきた宝鏡に擬して周囲二丈の大鏡を造り、これを鶴岡八幡宮に奉納した。後に、志道和尚が東慶寺を開創したとき、この大鏡を移して、鏡堂に安置したというが、惜しいかな、この大鏡は、永正年間に北条早雲が略奪して戦争に供してしまったと『鎌倉双紙』に載せられている。慶安七年に円覚寺の伽藍が焼失したときに、宝物の円鏡を東慶寺の鏡堂に移したので、鏡堂を増築して、比丘尼の禅堂とした。これ以来、関東の比丘尼が東慶寺に入るときは、皆、鏡の下で座禅をするので、禅林では東慶寺の鏡禅という言葉がある。あるいは、また、開山の志道和尚が、明鏡に向かっているときに悟りに達したので、歴代の尼僧たちがその祖風を慕い、大鏡に対して座禅をしたのだと言われている。

（第三十則「東慶寺鏡禅」）

〈原文〉

鏡禅ノ由来

承久ノ役、兵乱ノ起ル五十日前、尼将軍ノ夢想ニ、二丈程ノ大鏡ガ、由井浜ノ波間ニ浮ビ出テ、其中ニ声有リテ言フ、吾ハ是レ太神宮ナリ、天下ノ形勢ヲ視ルニ、近日世乱レテ、兵ヲ徴ス可キニ至ラン。泰時吾ヲ瑩《みが》カバ、太平ヲ得ント有タノデ、泰時ガ波多野次郎朝定ヲ奉幣使トシテ、由井浜ノ大神宮ニ遣ハシ、国家太平ヲ祈リシ事アリ。而シテ承久ノ乱鎮定ノ後ニ、泰時、尼将軍ノ夢想セシ宝鏡ニ擬シテ、周囲二丈ノ大鏡ヲ造リ、之ヲ鶴岡八幡宮ニ献納セリ。後ニ志道和尚、東慶寺ヲ開創セシ時ニ、此大鏡ヲ遷シテ、鏡堂ニ安置セリと謂フガ、惜ヒ哉此大鏡ハ、永正年間、北条早雲ガ、三浦導寸ト戦争セシ時ニ、劫略セラレテ、戦用に供サレシ事ヲ、鎌倉双紙（第四巻）ニ載セリ。応安七年円覚寺伽藍焼失ノ時、宝物ノ圓鏡ヲ東慶寺ノ鏡堂ニ移セシ故ニ、鏡堂ヲ増築シテ、比丘尼ノ禅堂ト為セリ。爾来関東ノ比丘尼ガ、東慶寺ニ入ル者、皆鏡下ニ坐禅セシ故ニ、叢林ニ於テ、東慶寺鏡禅ノ称アリ。或は謂フ、開山志道和尚ガ、明鏡ニ対シテ見性セシ故ニ、歴代ノ尼僧、祖風ヲ慕ヒ、大鏡ニ対面シテ坐禅セリト。

この後に、東慶寺の歴代の住持が、鏡禅を修したときの発心歌が載せられている。ここで、東慶寺第一世志道尼和尚

（覚山志道）発心の歌は、

物事に心とめねば曇なし磨くと言うも迷なりける

というものであり、これについて、「心をとめないならばどうやって六塵（色・声・香・味・触・法）に気付くのか」「曇りもなく磨く必要もない鏡を老僧に呈示せよ」という問いが発せられている。続いて、二世龍海尼《るんかいに》和尚、三世清沢尼《しょうたくに》和尚、四世順宗尼和尚、五世用堂尼和尚、六世仁芳尼和尚、七世了道尼和尚、八世簡宗尼和尚の歌が乗せられている。みな、鏡にちなんだ歌ばかりである。

尼たちが鏡を見て悟りに達したというのは、まさにジェンダーを意識したエピソードではないだろうか。鏡は、古来、女性の調度品として女性ときわめて関係が深く、強力な精神性・呪術性を有していた。この鏡禅の記録は鎌倉時代にはない。実際に行なわれていたとしても、おそらく『湘南葛藤録』が書かれた中世末期になってからであろう。男女を問わぬ参禅は、鏡というジェンダーを表象する物を持ち込むことによって、ジェンダー化されたのである。

また、『湘南葛藤録』では、東慶寺三世の清沢尼《しょうたくに》が、夜道で襲ってきた暴漢を、紙の刀をもって気迫で倒した話が語られている(31)。

元弘の乱の時、桜田貞国が討死した。その室である佐和が、亡き夫の冥福を祈ろうと、東慶寺で落髪して清沢尼と称し、多年、円覚寺の大川和尚に参禅して禅の心を悟った。延元三年、東慶寺三世となった清沢尼は、円覚寺の法会に夜に参加して、真夜中に松岡東慶寺に帰る途中、一人の剣客があり、尼の美貌を見て執着して、刀で脅迫して、尼を辱めようとした。尼は一枚の紙片を巻いて刀として、暴漢の目の前に突き出した。その時に、尼の身は、紙刀の影に見えず、寸隙のスキもなく、神の威が乗り移ったようで眼光鋭く敵を射た。精気凛々として、他人の侵犯を許さなかった。暴漢は畏怖して逃げようとしたが、尼は一喝して紙刀で一撃し、これを倒した。

〈原文〉（第六十九則「紙刀禅」より）

元弘之役、櫻田貞国討亡《うちじに》ス。其室佐和《さわ》亡将ノ冥福ヲ祈ラント欲シテ、東慶寺ニ除髪シ清澤尼ト称ス。而シテ多年大川和尚ニ参ジテ禅旨ヲ領ゼリ。延元三年、鹿山臘八会中、清澤尼夜参終リテ、三更松岡ニ還ル途上、一剣客アリ、尼ノ美貌ニ恋着シテ、刀ヲ以て脅迫シテ、尼を辱メントス。尼一紙片ヲ巻イテ刀ニ充テ、凶士ノ眼頭ニ突出ス。時ニ尼ノ身、一紙刀裡ニ没却シテ、寸隙ノ截ルベキ無ク、神威人ニ逼リテ、眼光敵ヲ射リ。精気凛々、他ノ侵スヲ得ズ。剣客畏怖シテ逃レ去ラントス。尼一喝シテ紙刀一撃シ、之を斃却ス。

清沢尼の徳の高さは、女性に対する男の暴力を気迫で撃退したエピソードを通して語られているのである。

東慶寺は江戸時代になると、離婚を望む女性の駆け入りを認める「縁切寺」としてその名を知られるようになった。寺に伝わる『開山系図』には、後宇多院と鎌倉将軍から罪人免許の勅書と御教書を賜ったとある。さらに、寺に伝わる「松岡山東慶寺旧記書抜」には、縁切寺の由緒として、覚山志道が貞時に対して、次のように願い出たと書かれている[32]。

（自分は）出家の身ながら女の事に候えば、利益の種もござなく候。しかるに女と申す者は不法の夫にも身を任せ候こと尋常に候えば、ことにより女狭き心より風《ふ》と差詰たる事にて自殺など致し候者もこれ有り。不便《ふびん》の事に候間、右様の者これ有り候はば、三ヶ年の内当寺へあい抱え置き、なにとぞ夫の縁を切り候て身ままに致し、存命仕らせたき寺法にあい願い候よし願はれ候。（原漢字カタカナ交じり文。一部を読み易く平仮名に改めた）

ここでは、覚山志道が自分は劣った女の身であるけれども、女というものは不法の夫にも身を任せねばならず、女の狭き心よりふと魔が指して自殺などをする者もあり、不憫であるから、そのような者は寺に三年の間召抱え置いて、夫との縁を切り、自由の身にしてやりたいと、貞時に願い、勅許を得たと書かれている[33]。
しかし、実際に、このような寺法が確立するのは江戸時代後半のことである。縁切り寺法が、江戸時代には、覚山志道が女人救済のために定めたものと言われるようになったのであった。鎌倉時代にはそのような史料はないが、本覚尼の遍照心院のように、広く駆け入りを受容するようなアジール性はあったのではないかと思う。なお、東慶寺で出しているガイドブック『松岡山　東慶寺[34]』には、興味深い話が載せられている。
開山和尚の覚山尼は、夫の時宗にいじめられて、こんな女人救済の寺法を考えだしたのだという人もいた。『望月仏教大辞典』にも「覚山尼は元と夫に虐遇せられ、離縁を求むるも得ず、深く苦悶したるを以て、乃ち同一境遇の女子を救わんが為に寺法を設く」と書かれた。（東慶寺から史料の明示を申請したところ、推測にすぎないとの返答があり、のちの再版の際には削除改訂された）。（同書三十五頁）
以上に見てきたように、覚山志道は、鎌倉時代においては「女流といえども丈夫の志あり」（女ながら強い男並みである）と称賛されていたが、その死後、中世末から近世になって書かれたエピソードの中では、ある時は差別者たる男を黙らせ、苦しむ女たちのために縁切寺を確立する強い女性であり、女性の味方として伝説化され、称賛されたのである。

五　覚海円成——鎌倉幕府の滅亡を見届け、円成寺を建立——

次に取り上げる覚海円成も安達氏の出身であり、覚山志道の息子である北条貞時の室となり、北条高時の母となった人物である。覚山志道は叔母であり、姑でもあって、大きな影響を受けたと考えられる。北条氏が滅亡すると、一族の生き残った人々をまとめて面倒を見る役割を担い、一族を連れて伊豆に戻り、尼寺である円成寺を建立した。いわば、鎌倉幕府の幕を引いた人物であるがあまり知られておらず、『日本女性人名辞典』[35]にもその名が採られていない。

覚海円成の生涯は、三浦吉春[36]、湯之上隆[37]の論考に詳しいので、ここでは要点を述べるに留めたい。生年は不詳であるが、夫の貞時が一二七一年（文永八）ごろの生まれなので、このころであると考えられ、貞時の室となって、一三〇三年（嘉元元）に高時を生んでいる。

一三一一年（応長元）に貞時が死ぬと、高時をわずか九歳で執権につけ、大方殿と呼ばれるようになり、東明慧日を導師として出家をした。以後は、自らの財力を生かして、京都東山法観寺五重塔（八坂塔）の修造を援助し、仏事を修し、清拙正澄らの禅僧と交流し、保護を加えた。中でも注目すべきは夢窓疎石との交流で、一三一八年（文保二）、高峯顕日の遺言に従い、京都にいた夢窓を関東に招いたが、夢窓はこれを拒否して土佐に逃れた。しかし、覚海円成が使者を遣わすなどして催促をしたため、一三一九年（元応元）、とうとう屈して鎌倉にやってきて、浄智寺、円覚寺に入った。

一三二六年（正中三）に高時は病気で出家をしたが、長崎高綱（円喜）の策動で、後継の執権は金沢貞顕とされ、覚海円成の子の泰家にはならなかったので、怒った彼女は泰家を出家させ、多くの御家人がこれにならったため、恐れた貞顕は一月で出家に追い込まれ、高時が執権に復した。このころ、彼女はまだ権力闘争の渦中にいた。だが、一三三三年（元弘三）五月、鎌倉幕府は滅亡し、北条一族の男たちは皆、自害して果てた。

覚海円成は生き残った。そして、一族や家来の女性たちを保護し、扶養していく責務が、彼女一身の肩にかかってきた。後醍醐天皇から伊豆国北条宅の継承と、上総国畔蒜荘の安堵を認められた彼女は、縁に連なる女性たちを率いて、北条氏の本貫の地である伊豆の北条に帰り、生活を始めた。時に六十歳ぐらいであった。夢窓疎石との関係が彼女を支えた。彼女は京都の夢窓に、「あらましにまつらん山ぢたえねただそむかずとても夢の世の中」という歌を詠んで送った。これに対して夢窓は、「夢の世とおもふうき世をなほすてて山にもあらぬ山にかくれよ」と返した[38]。やがて、彼女は伊豆に禅の尼寺の円成寺を建立する。足利直義の一三三九年（暦応二）の寄進状（北条五ヶ郷）によれば、この寺は、覚海円成が出家した「親戚の女児、その種の寡婦」を止住させた寺で、「単孤無頼窮人を扶持するの拠りどころ」であり、さらに「元弘以来の亡魂を救済するの浄場」であるとしている[39]。

この史料は、「尼寺収容所論」を唱える論者には好都合かもしれない。牛山佳幸も、円成寺をそうした文脈で捉えている[40]。しかし、覚海円成は戦乱で孤寡になったために禅に帰依したわけではない。まずは後家尼として出家し、禅僧らと交流し、権力の座にあるときからすでに禅に帰依していた。そして、幕府の滅亡後、彼女は鎌倉幕府の頂点に立った女性として、戦乱で弱い立場に立たされた者たち、とくに女性たちの世話をする役割を担った。親族の助命嘆願もしたであろう。多くの人々が彼女を頼って伊豆に来たであろう。円成寺に、遍照心院や東慶寺のようなアジール的性格を見ることもできよう。

覚海円成は鎌倉幕府の幕を下ろしたのである。彼女の行動は、幕府が開かれた当初、北条政子が源平合戦で弱い立場に立たされた静御前や木曾義仲の妹、さらに貞暁、公暁らを庇護した行動と、深く響きあっている。それは、鎌倉幕府一五〇年を支えた女性たちの力であった。

一三四五年（康永四）、覚海円成は七〇歳を過ぎて亡くなった[41]。

なお、吉川英治の『私本太平記[42]』では、覚海円成は一族の滅亡後、円覚寺の境内で自害することになっている。しかし、実際の歴史においては、彼女の役割はこれから始まるのである。一族を支える女性は、一族の男性たちが滅びた後に、まさにここで力を発揮しなければならなかった。吉川による覚海像は、専ら愚かな息子高時のことを思う、賢いけれども愚かな母として造形されているので、親族や家来たち全てを背負った女性像を造形することができず、それゆえに自害という結末をとったのだと思う。

おわりに

日本の禅の歴史は、その源流において、鎌倉幕府周辺の女性たちの積極的な関与があった。以上に、本稿で述べてきたことをまとめておきたい。

まず、彼女たちは、いずれも後家尼であったことである。夫の死後、後家尼となって在家で生活をしながら夫の菩提を弔うのは当時の習慣であったが、その中で、覚山志道が禅寺を建立し、自ら悟りを得ようとしたことは画期的であった。

鎌倉幕府の草創期と滅亡時における如実妙観（政子）と覚海円成の活動は深いところで響きあっていた。二人は、戦さの中で身寄りのなくなった者、弱い立場の者たちを庇護する役割を果たしたが、それは、親族の中で頂点に立った女性の役割であった[43]。鎌倉における禅の発達史には、後家尼たちによる親族を保護する行動が関連していた。

彼女たちは、その財力と地位によって、栄西や、渡来僧を保護しつつ帰依した。僧たちにとって、後家尼という立場の女性はよい後ろ盾となったであろう。

鎌倉時代のジェンダーをめぐる言説には、人間を男女によらず能力で評価すべきであるとする考え方が一方にあり（たとえば、慈円『愚管抄』巻三の神功皇后の項に「男女ニヨラズ天性ノ器量ヲ先トスベキ道理」とある）、他方、女性は男性よりも劣るとする考え方もあった（たとえば『沙石集』などの多くの言説）。こうした中で、個人主義、能力主義をとる禅宗では、他宗に見られるような五障三従や、女性を劣るものとする女人罪業観があまり見られなかった。徳のある禅尼たちに与えられた評価は、女ながら丈夫の相がある、すなわち、女ながら強い男のようだ、というものであった。すなわち、「男並み」であることが讃えられたのである。そこには女性に固有な問題は設定されず、対応も評価もなかった。

だが、時が経つにつれ、彼女たちの伝説にはジェンダーの要素が濃厚に付け加わっていった。如実妙観が天野に堂宇を建立したのは、女人禁制によって山を閉め出された女性たちのためである。覚山志道が東慶寺を開いたのは、縁切寺として不幸な結婚に苦しみ自殺する女性たちを救うためである。覚山志道は尼の印可を快く思わない男僧を、刀を見せてやりこめ、鏡を見ているときに悟りを得た。東慶寺三世の清沢尼は、夜間に襲ってきた暴漢を紙の刀で撃退した。彼女たちの事蹟は、時が経つにつれ、女性差別が深化していく時代の中で、差別される女性の立場を代弁する女性の味方として描かれ、伝説化されていったのである。

ここに、私はもう一つの女性と仏教の流れを見る。

これまでの研究では、経典における女性差別文言が、女性の地位の低下とともに日本社会に受容されていくプロセスの解明が焦点の一つとなってきた。それによると、中世社会の深まりと共に、女性は五障三従の罪深い穢れた身であり、男の往生を妨げる悪魔の使いであるとまで言われるようになっていき、中世末期から近世には、女性の落ちる血の池地獄のイメージや血盆経が普及していく。そうした中で、女性たちは信心に励んだ。

だが、鎌倉の禅尼たちの史料を調べていく中で、それとは異なるもう一つの流れが浮かび上がってきた。中世末から近世において、女性の社会的地位の低下に対する異議申し立てが、エリートの禅尼たちの活躍する姿を通してなされていったのである。私は禅林が女性差別を否定する世界であったと言うつもりはないが、しかし、禅の思想の中に、そうしたもう一つの流れを作る要素もあったのではないだろうか。細川涼一の一連の尼寺研究は、律宗の尼寺を研究する中から見えてきた像である。遠藤一は、浄土真宗の坊守についての考察から、女性と仏教の問題を考えた(44)。宗派による女性と仏教の歴史を、よりきめ細かく見ていく必要を感じるものである。

註

（1）水野弥穂子校注『正法眼蔵』岩波文庫、一九九〇年。なお、この道元の発言に関しては、古田紹欽「中世禅林における女性の入信」（『印度学仏教学研究』二六―一、一九七七年）、石川力山「道元の《女人不成仏論》について」（『駒沢大学禅研究所年報』三・四、一九九〇年）、原田正俊「女人と禅宗」（西口順子編『仏と女』〈中世を考える〉吉川弘文館、一九九七年）などで言及されている。原田論文は、女性と禅宗の関係について本格的に論じた有意義な論考である。

（2）平雅行「中世仏教と女性」（女性史総合研究会編『日本女性生活史』二（中世）、一九九〇年）。

（3）拙著『仏教と女性の精神史』吉川弘文館、二〇〇四年。

（4）牛山佳幸「中世の尼寺と尼」（大隅和雄／西口順子編『尼と尼寺』〈シリーズ女性と仏教〉平凡社、一九八九年。

（5）細川涼一『中世の律宗寺院と民衆』吉川弘文館、一九八七年。同『女の中世―小野小町・巴・その他』日本エディタースクール出版部、一九八九年。

（6）西口順子「女性と亡者忌日供養」「天皇家の尼寺―安禅寺を中心に―」（ともに『中世の女性と仏教』法蔵館、二〇〇六年）。

（7）石川力山『禅宗小事典』法蔵館、一九九九年。

（8）バーバラ・ルーシュ「もう一つの中世像を求めて」『もう一つの中世像―比丘尼・御伽草子・来世―』思文閣出版、一九九一年。

（9）『鎌倉　禅の源流―建長寺創建750年記念特別展』（展覧会図録）東京国立博物館、二〇〇三年。
（10）拙著『北条政子―尼将軍の時代―』吉川弘文館、二〇〇〇年。
（11）拙著前掲註（10）書。
（12）『高野春秋編年輯録』第七、大日本仏教全書第一三一冊、仏書刊行会、一九一二年。日野西真定校訂『新校高野春秋編年輯録』、岩田書院、一九九八年。
（13）細川涼一「源実朝室本覚尼と遍照心院」（脇田晴子／S・B・ハンレー編『ジェンダーの日本史』上、東京大学出版会、一九九五年）。
（14）細川前掲註（13）書。
（15）平泉澄『中世に於ける社寺と社会との関係』至文堂、一九二六年。
（16）井上禅定『駈入寺―松ヶ岡東慶寺の寺史と寺法』小山書店、一九五五年。
（17）小丸俊雄『縁切寺松ヶ岡東慶寺史料』一九六〇年。
（18）湯之上隆「覚海円成と伊豆国円成寺―鎌倉禅と女性をめぐって―」『静岡県史研究』十二、一九九六年。
（19）『北条時宗とその時代』（展覧会図録）江戸東京博物館、NHKプロモーション、二〇〇一年。
（20）原田前掲（1）論文。
（21）佐藤和彦他編『中世内乱史人名辞典』新人物往来社、二〇〇七年。
（22）荒川玲子「景愛寺の沿革―尼五山研究の一齣―」（『書陵部紀要』二八、一九七六年）。
（23）村井章介『東アジア往還―漢詩と外交』朝日新聞社、一九九五年。
（24）「国譯仏光圓満常照国師語録」巻三、国訳禅宗叢書刊行会編『兀庵和尚語録・佛光國師語録』第一書房、一九七四年。
（25）前掲註（24）書。
（26）湯之上前掲註（18）論文。
（27）湯之上前掲註（18）論文。
（28）玉村竹二『五山文學新集』六、東京大学出版会、一九七二年。

（29）小丸前掲註（17）書。『武士禅機縁集』、井上哲次郎監修・井野辺茂雄校訂『武士道全書』七、時代社、一九四二年。なお、『湘南葛藤集』（『武士禅機縁集』）については、井上省訓「『武士禅機縁集』研究序説――武士と禅――」（『駒沢女子短期大学研究紀要』二五、一九九二年）がある。

（30）井上前掲（16）書。小丸前掲註（17）書。

（31）井上前掲（16）書。小丸前掲註（17）書。

（32）高木侃編『縁切寺東慶寺史料』平凡社、一九九七年、三四頁。

（33）井上前掲（16）書。

（34）東慶寺『松岡山東慶寺』、一九九七年。

（35）芳賀登／一番ケ瀬康子／中嶌邦／祖田浩一編『日本女性人名辞典』日本図書センター、一九九三年。

（36）三浦吉春「北条貞時後室覚海円成尼について――伊豆国円成寺の創建とその時代的背景――」（『地方史静岡』五、一九七五年）。

（37）湯之上前掲註（18）論文。

（38）『正覚国師集』『新編国歌大観』七、角川書店、一九八九年。

（39）「足利直義寄進状案」『北條寺文書』一、『静岡県史料』第一輯、一九三二年。

（40）牛山前掲（4）書。

（41）湯之上前掲註（18）論文。

（42）吉川英治『私本太平記』、毎日新聞社、一九五九―六二年。

（43）拙著前掲註（10）書。

（44）遠藤一『仏教とジェンダー――真宗の成立と「坊守」の役割――』明石書店、二〇〇〇年。

第八章　御成敗式目とジェンダー

はじめに

あらゆる政権は、ジェンダーを政治的に規定する（もちろん、ジェンダーに基づかない政権も考えられる）。それは、身分が法によって規定されるのと同様である。

例えば律令は、女性が大臣以下の主要な官人になる道を閉ざした。また、建武式目には「一　可被止権貴幷女姓禅律僧口入事」とあり、草創期の室町幕府は、女性の政治参加を明確に否定した。実際にはそうならなかったが、こうした規定は鎌倉時代までの法には見られなかったことである。さらに、豊臣秀吉は大名の妻を国元から引き離して人質とし、江戸幕府は参勤交代制によって妻子の江戸住みを強制したが、これは、大名の正室を領国の政治に参加させないしくみであった。それは、中世において広く見られた、夫の不在時に妻が代理を果たし、夫の死後は後家が家を取り仕切り、夫の政治を代行するといったことを、否定するしくみに他ならないのであり、それだけ大名の家は不安定になり、その力は削がれることになる。「末期養子の禁」などということが問題になるのは、後家の権限を否定したからに他ならない。

あらゆる政権、あらゆる法、または法の背後には、ジェンダーについての規定があり、それは、その政権の質、時代の特質に大いに関わるのであるが、これまで十分な注意が払われてきたとは言い難い。

本稿では、御成敗式目と追加法、それに基づく鎌倉幕府の裁許状を素材に、鎌倉幕府のジェンダー政策について考えてみたいと思う。

御成敗式目における女性の位置づけについては、法制史・女性史・家族史による議論の長い蓄積がある。古くは三浦周行、[1]中田薫、[2]石井良助らによる法制史研究が、[3]この問題を詳細に検討した。また、岡田章雄が一九三二年に発表した「中世武家社会における女性の経済的地位」[4]は、このジャンルの実証研究の古典であると同時に、八〇年が経過した今もなお、最も優れた論文であると言えよう。五味文彦「女性所領と家」[5]（一九八二年）は、御成敗式目における女性の位置づけを、公家法との比較において論じた好論である。

本稿では、これらの成果をもとに、御成敗式目を鎌倉幕府のジェンダー政策として読み直してみる。これまでの研究によって、十三世紀後半から、御家人の女性の経済的地位が低下し、一期分相続や、主要な相続からの排除などが進行することが知られている。[6]従来の研究は、家や親族の在り方からのアプローチ[7]が主流であったが、ここでは、鎌倉幕府のジェンダー政策に注目して、その変化を捉えてみたいと思う。

なお、本稿で引用する史料は、行論の都合上、文中で部分的に引用する場合は読み下し文とし、長文を引用する場合は原文のままとした。式目及び追加法は、佐藤進一編『中世法制史料集』第一巻「鎌倉幕府法」（岩波書店、一九五五年）、読み下し文は石井進、石母田正、笠松宏至、勝俣鎮夫、佐藤進一編『中世政治社会思想』上（岩波日本思想大系、一九七二年）に依っている。また、裁許状は瀬野精一郎編『鎌倉幕府裁許状集』（吉川弘文館、一九七〇年）に依った。これらの書物については、以後、詳しい註は省くこととする。

一　御成敗式目が公家法との違いを強調した三ヵ条

一二三二年（貞永元）に北条泰時が制定した御成敗式目（以下、式目と略す）は、公家法を意識し、公家法との差異を強調している。泰時が北条重時に送った書状には、次のように書かれていた。よく知られたものだが、ここに引用しよう。

さて、この式目をつくられ候事は、なにを本説として被注載之由、人さだめて謗難を加事候歟。ま事にさせる本文にすがりたる事候はねども、たゞとうりのおすところを被記候者也。……この状は法令のおしへに違するところなど少々候へども、たとへば律令格式は、まなをしりて候物のために、やかて漢字を見候がごとし。かなばかりをしれる物のためには、まなにむかひ候時は人の目をしいたるがごとくにて候へば、この式目は只かなをしれる物の世間におほく候ごとく、あまねく人に心えやすからせんために、武家の人へのはからひのためばかりに候。これによりて京都の御沙汰、律令のおきて聊もあらたまるべきにあらず候也。……

（「北条泰時消息」『鎌倉遺文』四三七三）（傍線引用者）

泰時は、式目の法理が、律令の流れを汲む公家法とは別個のものであり、公家法に反する面も少々存在することを認めながら、しかし、公家法が漢字の読み書きができる者のために書かれたのに対し、式目は仮名しか書けないような武家の人のために制定したのであるから、これによって公家法を改めようとか、そんな野心は持っていないことを述べている。そして、式目が依拠した成文法は特になく、ただ「とうり」（道理）にしたがって記したものであるとしている。

このように公家法との差異を強調する言葉は、式目五一か条の中にも三か所にわたって見ることができる。それは、次の三つである。

十八条　ここに法家の倫《ひと》申す旨ありといへども

二三条　法意の如くばこれを許さずといへども、大将家御時以来当世に至るまで…不易の法勝計すべからず。しかのみならず都鄙の例先蹤これ多し。

四一条　法意の如くば子細ありといへども

ここで、「法家」とは公家法を担う法律家、「法意」とは公家法の法意を指し、式目はわざわざ「公家法から見たら問題があるかもしれないが、武家社会では一般的なことだから」とことわっている。

では、ここに挙げた三つの条文は、それぞれ何についての規定なのか。

十八条は女子の所領の悔返し、二三条は女人養子、四一条は主人の違う下人同士の子どもは母方と父方のどちらに付けるかといった子分け規定である。つまり、三つの条文全てが、ジェンダーに関係する法なのである。次にその本文を掲げよう。

一　譲与所領於女子後、依有不和儀、其親悔還否事

右男女之号雖異、父母之恩惟同、爰法家之倫有申旨、女子則憑不悔返之文、不可憚不孝之罪業。父母亦察及敵対之論、不可譲所領於女子歟、親子義絶之起也、教令違犯之基也、女子若有向背之儀、父母宜任進退之意、依之、女子者為全譲状竭忠孝之節、父母者為施撫育均慈愛之思者歟、（十八条）

一　女人養子事

右如法意者、雖不許之、大将家御時以来至于当世、無其子之女人等譲与所領於養子事、不易之法不可勝計、加

之都鄙之例先蹤惟多、評議之処尤足信用歟、（二三条）

一　奴婢雑人事

右、任大将家之例無其沙汰過十箇年者、不論理非不及改沙汰、次奴婢所生男女事、如法意者雖有子細、任同御時之例、男者付父、女者可付母也、（四一条）

まず、十八条において、幕府は、父母が女子に譲った所領にも父母の悔返し権が適用されることを定めている。なぜなら、「男女の号が異なっていても父母の恩は同じ」だからである。「法家之倫」はさぞ異論があろうが、悔返しを認めなければ、女子はそれをいいことに親の言うことを聞かないかもしれないし、親も女子と敵対することを恐れて女子に所領を譲らないかもしれない。親子義絶、教令違犯の起こりである。であるから、式目は公家法と異なり、女子に譲った所領に対しても親の悔返し権を認めるので、女子は忠孝を全うし、親は男子と等しい慈愛を注ぐべきである、というのである。

親権が絶対的な家を構想する幕府は、結婚した女子に対する親の悔返し権も認めた。そして、その理由として、子としての男女平等を主張したのであった。

次に、二三条は、女性が養子を取って所領を相続させることを認めている。公家法では許されていないが、武家社会では頼朝の頃から多く行なわれており、しかも「都鄙の例」が多いので、評議の結果、式目はこれを認めることにしたという。「都鄙の例」とは「都と在地における先例」の意であるから、都でも実際は行なわれていると言っているのであろう。事実、院政期の貴族社会では、猶子と称する養子が多く行なわれていた。たとえば皇嘉門院領は、猶子であった甥の九条良通に譲与され、その夭折の後は、同じく猶子とする弟の九条兼実に譲与されている。王家の女院領などは、この方法で相伝されることが一般的であった[8]。つまり、公家法の法理は、貴族社会の実際からも乖離していたのである。式目はそこを指摘して、女人養子を合法化したのである。

最後に四一条は、後半部分で、主人の違う奴婢（下人）同士の間に生まれた子どもは、父方、母方のどちらの主人のものになるかを規定している。律令以来の公家法では、奴婢の子は男女を問わず、母方につけるということになっていた。幕府はこれに対し、男なら父方、女なら母方の主人のものになると定めている。母系偏重でない、双方的な意識が反映されている。

以上に見てきたように、式目が公家法との差異をことさらに主張したのは、ジェンダーに関する法においてであった。悔返し権にしても、女人養子にしても、女性が実際に地頭職以下の所領を相続し、御家人の一人として惣領に結集して幕府に奉公する立場であることを認め、男性と同等の権利を法的に認めようとする姿勢が見られるのである。

二　式目ジェンダー関係法とその特徴

1　式目ジェンダー関係法

ここで、幕府がジェンダー秩序の構築を目的として出した法を、「式目ジェンダー関係法」と称することにしたい。また、直接、ジェンダー秩序の構築を目的とする法でなくとも、式目には、ジェンダーが前提となっている法が多くある。暗黙のうちに、守護は男、国司は男、侍・郎従は男、地頭は男女、下司荘官は男女というように、ジェンダーが前提とされているのである。

以下、式目ジェンダー関係法を見ていきたい。

（七条）　頼朝以来、代々の将軍と二位殿（北条政子）の裁許は改変しない。

（十一条）夫の罪過によって妻の所領は没収されないが、重科の場合は連坐して没収される。

（十八条）女子に譲った所領に対する親の悔返し権を認める。

（二一条）妻妾が夫から所領を譲られた後に離別された場合、妻が重科があって棄てられた場合には夫の所領は知行できないが、妻に落ち度がない場合には悔返せない。

（二二条）父母が子どもたちに所領を譲与する際に、継母の讒言や、庶子への偏愛により、「無足の兄」になってしまった場合は、嫡子の所領の五分の一を与える。

（二三条）子のない女性は養子をとって所領を譲与できる。

（二四条）夫の所領を譲与された後家が貞心を忘れて改嫁（再婚）した場合、所領は亡夫の子息に譲らなければならない。

（二五条）御家人が公家を婿にし、（娘に）所領を譲った場合、幕府に勤仕する公事を勤めなくなってしまうのは困るので、公家と結婚しても公事は行なうようにせよ。

（三四条）他人の妻を密懐した場合には、強姦・和姦を問わず男女とも所領を半分没収。所領がなければ遠流。辻捕りは御家人は百日に出仕停止。郎従以下は片鬢を削ぐ。法師はその時にあたって斟酌する。

（四一条）主人の違う奴婢（下人）の子は、男は父方、女は母方につける。

（四二条）百姓逃散のとき、妻子を抑留し、資材を奪い取ってはいけない。

これらのジェンダー関係法の前提となっているのは、女性が父母から所領を永代相続し、自ら知行し、自分で相続人を決めて譲与している社会である。

これらの法に通底しているのは、夫婦別財の法理である。式目は、公家法の夫婦同財の法理（妻の所領は夫に帰属する）に異を唱え、夫婦別財を前提としたので、結婚しても、その所領が夫の管理下に入ることはなく、妻の知行権、処分権が保たれた(9)。ただし、実際の史料に当たってみると、公家や百姓を含めた当時の社会全般において、式目の方が実態に即していたことがわかる。夫婦は互いの所領を持ち寄り、生活上の必要があればどちらかの所領を売り、妻が死ねば夫が代わりに管理・譲与し、夫が死ねば妻が代わりに管理・譲与するといった状況が一般的であった(10)。やはり『裁判至要抄』などの公家法が定める、妻の所領は夫のものになるといった法理は、現実から離れたものであったと思われる。

十一条、十八条、二一条、二三条までは、いずれも、夫婦別財制と女性の所領知行の安定化を図ったものと言える。二五条も、女子が公家と結婚することによる、女子の所領の不安定化を危惧したものであると言えよう。つまり、幕府にとっては、女性が安定した経済的地位を保ち、所領知行を全うすることが、望ましい社会であると考えたのである。それは、幕府が基盤とした御家人の家の安定が、女性の地位の安定によってもたらされるものだったからである。式目ジェンダー関係法には、親として、子としての男女平等を主張する文言が見られる。第十八条の本文に、「男女の号異なるといへども、父母の恩これ同じ」とある。

2　後家改嫁

しかし、二四条の後家改嫁の項では、幕府は、社会慣習と異なる新たな法理を作り出し、女性の行動を規制しているのである。二四条の本文を次に掲げる。

一　譲得夫所領後家、令改嫁事

右為後家之輩、譲得夫所領者、須抛他事訪亡夫後世之処、背式目事、非無其咎歟、而忽忘貞心、令改嫁者、以

所得之領地、可充給亡夫之子息、若又無子息者、可有別御計、

「夫の所領を譲られた後家は、他事を顧みず亡夫の後世を弔うべきであるのに、そうしたきまりに背いて、たちまちに貞心を忘れて改嫁したならば、その所領は亡夫の子息に譲るべきである。もし、子息がなければ、別のお計らいがあるだろう」……ここでは後家が亡夫への貞心を忘れて改嫁することを非難し、もし改嫁する場合は夫から譲られた所領は亡夫の子息に譲るべきであるとしている。文中に「式目に背き」とあるこの「式目」とは、「単に規定とか道理とかいった軽い意味」（『中世政治社会思想』上、一〇頁頭注）と説明されているが、そもそも、このように女性の再婚を規制するような道徳観は一般的だったのかといえば、実態はそうではなかった。後家改嫁は一般的に多く行われており、それが家の不安定要因になることから、幕府は法による規制に乗り出したものと思われる。

これについて五味文彦は、『吾妻鏡』の記事から、後家藤原氏の改嫁が訴えられたとき、幕府が「それは式目制定以前のことだから問題ない」として取り上げなかった例を挙げて、後家改嫁などといったことは、式目制定まで問題にならなかったのだとした[11]（『吾妻鏡』仁治二年（一二四一）六月二八日条）。しかし、式目二四条を皮切りに、幕府は相次いで後家改嫁についての追加法を出した。そして、その規制は次第に強化された。

式目は、公家法と違って、武家社会の慣習や先例を重んじて作ったというのがモットーであった。しかし、後家改嫁の規制に関しては、実社会の様相と異なる法的規制をかけた。

式目二四条では、改嫁したら所領は亡夫の子息に譲るべし、としている。この場合は、亡夫と後家自身との間の子息でもよいわけで、改嫁に対する罰則という要素が薄く、あくまでも御家人所領の減少を防ぐための実利的な事務的な手続きとニュアンスである。しかし、このわずか七年後に出された追加法では、その解釈が大きく変わっている。

一　御家人後家、任亡夫譲、給安堵御下文事

右此条平均之例也、爰於令改嫁之輩者、可充給他人之旨、自被定置以来、為免其難、或少年或無病之族、寄事於所労、譲与子息親類、申給安堵御下文之後、及改嫁云々、甚以濫吸也、於自今以後者、不臨重病危急者、不可被免許其議矣、

（追加法九八条、暦仁二年・一二三九年）

ここでは、「改嫁した後家の所領は、他人に充てることが（式目で）定め置かれた」と書かれているが、これは式目二四条の条文とは全く違うものである。これは、明らかに後家改嫁そのものに対する罰則規定であり、「式目に定められたように、所領が他人に充てられるのを避けようと、年若く病気でもない者が子息親類に所領を譲り、安堵下文を得てから改嫁に及ぶのは許しがたいので、これ以後は重病危急にならなければ譲与してはいけない」としている。鎌倉時代の譲与は、生前譲与が一般的で、特に死の間際に譲与するといったきまりもないので、この追加法の内容は、きわめて異例なものである。

これ以後も、後家改嫁に対する規定は幾度も出され、一二三九年（延応元）には、改嫁したかどうかの指標として「あるいは所領の成敗を致し、あるいは家中の雑事を行な」っていたら、改嫁の証拠となるが、「内々の密儀に至りては、たとい風聞の説ありといえども」問題にしない、とした（追加法一二一条）。しかし、これは、一二八六年（弘安九）には改訂され、後家改嫁は「不調のきこえ」だけで咎にするとした（追加法五九七条）。また、一二六七年（文永四）には、自分の過失ではなく離別された妻妾は、前夫にもらった所領を知行し続けてよいと式目二一条にあるが、その後、他夫に嫁してなお知行し続けるのは「不義」であるので、これより他夫に嫁したら前夫の所領は召し上げることにする、としている（追加法四三五条）。

以上に見てきたように、式目ジェンダー関係法の多くが、女性の所領の保全を図り、男女に均等な権利を付与して

いるのに対し、こと後家改嫁については、幕府は社会的慣習に反してまで規制をかけた。

後家改嫁の条文を見ると、幕府の意図として、①改嫁すること自体が問題である、②改嫁した場合の所領の流出が心配、という二つの内容を含んでいるように思われる。②は、単純に御家人の所領の流出を防ぐという意味がある。①については、「貞心を忘れ」という道徳的批判になるが、それは、後家が夫の家を守るという役割を放棄することについての批判である。

後家権の安定は、家の安定につながることであった。当時の家では、夫の死後、後家が夫の所領を「沙汰・進退」し、子どもたちに分け与え、子どもたちを指揮して家の安定を図るのが一般的であった。御家人の家の安定は、後家の存在なしには考えられなかった。そうした後家権を重視するがゆえに、幕府は、改嫁を規制したものと見られる。だが、一三世紀の後半、文永・弘安の頃になると、幕府は、むしろ積極的に後家の所領を没収しようとしているようにすら思えるのである。

3　妻子と資材

次に気になる表現は、「田畠・在家ならびに妻子・資材」というような、妻子を私財のように扱う言い方である。「所従・牛馬」という表現もあるが、妻子は資材同様の扱いなのか。次の式目第四条を見よう。

次犯科人田畠在家幷妻子資材事、於重科之輩者、雖召渡守護所、至田宅妻子雑具者、不及付渡、

これは、守護が重犯の者の跡を私的に没収してはならないという条文であるが、重犯の者を守護所に召し渡した場合でも、その「田畠・在家ならびに妻子・資材」あるいは「田宅・妻子・雑具」を守護所に没収してはならない、としている。

これについて、黒田弘子は「中世史料は、用語も含めてすべてが父権的性格におおわれている」としながら(12)、実際には所領も持ち、私財も持ち、経営にも関わっていた妻は、「夫が罪を犯しても、刑に服しさえすれば、妻子は安堵され、妻は女主として家を継承することができた(13)」と述べている。つまり、夫が罪科に問われた場合に、実際には田畠・在家・資材を継承するのは妻であったのだが、まるで妻子が田畠・在家・資材と同列なように記されているのである。

4　密懐法と辻捕

第三四条「他人の妻を密懐する罪科の事」は、有名な密懐法であり、勝俣静大の研究(14)以来、当時の社会的な慣習法とはかなり異なる法理であることがわかってきた。妻敵討ちのような社会的慣行をよそに、式目は、「強姦・和姧を論ぜず人の妻を懐抱するの輩、所領半分を召され、出仕を罷めらるべし。所帯なくば遠流に処すべし」「女の所領同じくこれを召さるべし。所領なくばまた配流せらるべきなり」とした。

最初の事書きが示すように、この条文は基本的に男の方を主体としている。しかし、その処罰は男女双方に適用され、しかも「強姦・和姦を問わず」とあって、女性の意思は問題にされていない。

続いて、この条は、「次に道路の辻において女を捕ふる事」として、辻捕の禁止を定めている。辻捕については、私も別のところで論じた(15)が、そもそも辻捕とは、辻、橋のたもと、寺社の門前などの場で、異性に声をかけ、配偶者を探す行為であった。それが、社会全般の女性の地位の低下によって、強姦となるケースも多く見られるようになっていた。式目は、辻捕をした者は、「御家人においては百箇日の間出仕を止むべし。郎従以下に至つては、大将家御時の例に任せて、片方の鬢髪を剃り除くべきなり。ただし、法師の罪過においては、その時に当たりて斟酌せらるべし」と規定している。この場合は、相手の女性に対する処罰はなく、密懐と違って、男の犯罪と認識されていた。黒田弘子は、「鎌倉幕府法から分国法にいたる武家法の大きな特徴の一つとして、性を取り締まりの対象として立法化したことがあげられよう」と述べている。[16]

5　式目の叙述

これまで見てきたように、式目をジェンダー分析するにあたって、避けて通れないのはその叙述である。式目は、親については「父母」と併記する。たとえば、「譲状を得るの後、その子父母に先立ち死去せしむる跡の事」（二〇条）、「父母所領配分の時、義絶にあらずといへども成人の子息に譲り与へざる事」（二二条）、「父母の意に任す」（二六条）などである。ここには、先に述べた、父権と母権を均等に扱う姿勢が表れている。

だが、全体の叙述を見ると、何の断りもなく、男性を主体とした叙述も多々ある。たとえば、第四条では、「犯科人の田畠・在家ならびに妻子・資材の事」として、犯科人は男性のみを想定しているし、第三四条の「道路の辻において女を捕ふる事」も主語は男性である。

夫婦間の譲与に関する規定でも、式目は、財産権について男女の違いを設けていないにもかかわらず、式目条文では、夫から妻への譲与ばかりが想定されているのである（第二一条、二四条）。実際に、件数は夫から妻への譲与が多かったと思われるが、妻から夫への譲与も普通にある。鎌倉時代の人々の意識としては、夫から妻への譲与に関する規定は、そのまま、妻から夫への譲与にも当てはまると考えられた。それが、鎌倉時代の人々の式目ジェンダー関係法の読み方であった。

たとえば、『市河文書』一二七八年（弘安元）の裁許状において、信州の中野氏の惣領であった袈裟御前（釈阿）

の死後、その遺領である田は夫の市川重房の計らいとしたが、袈裟の母の訴えによれば、「重房は既に新妻に嫁しているから、前妻の所領は知行できない」というのであった。すなわち、式目の後家改嫁の法理を夫の再婚にそのまま適用して考えているのである。さらに、同じく母の訴えによれば、釈阿は生前、「夫が新妻に嫁したならば、自分の遺領に対する権利を主張してはならない」と譲状に書いていたというのである。結局、幕府の判決によって、母の主張は退けられてしまうのだが、在地の人々が、式目における夫と妻の立場を入れ替え可能なものと考えていたことがわかるのである（『鎌倉幕府裁許状集』関東裁許状一四二、『鎌倉遺文』一三一七〇）。

しかし、式目の一方的な叙述は混乱を引き起こすこともあった。それが、たとえば次章で見る夫婦間の悔返しをめぐる混乱、解釈の変更などを生み出すことになるのである。

また、追加法七二条のいわゆる「退座規定」の解釈をめぐって、混乱が生じるのも、叙述そのものに原因がある。式目退座規定とは、評定の際に、訴訟当事者と親戚関係にある奉行人を退座させるために、その縁者の範囲が記された法である。

一　評定時可退座分限事

祖父母　父母　養父母　子孫　養子孫　兄弟　姉妹　婿〈姉妹孫聟同之〉　舅　相舅　伯叔父　甥姪　従父兄弟　小舅　夫〈妻訴訟之時可退之〉　烏帽子々

この叙述は、基本的に退座すべき奉行人から見た縁者の範囲が示されているのだが、一つだけ異なるのが「夫〈妻訴訟之時可退之〉」である。奉行人には男性しかいないので、全体の叙述に合わせるならば「妻」と書くべきなのに、なぜか「夫」として、わざわざ註を入れるという不可解な叙述になっている。

この退座規定については、「祖父母」「孫」などを父系のみと見て、父系的な集団と見る見解がある。(17) しかし、私は別稿で論じたように[18]、これは幕府が認める親族集団の範囲を示したものではなく、あくまでも訴訟の公正を期すための法であるので、小舅などが入っていて、母を通じて所領の譲与もある外祖父母が入らないのは明らかに不自然であり、現実には、「祖父母」「孫」「伯叔父」「甥姪」は母方父方双方を指すものであると考える。鎌倉時代の人々の感覚では、夫方に適用される規定はそのまま妻方にも適用されると考えるので、人々は双方を含むものとして意識したのだと思う。

実際に、裁許状の中でも、「外祖父の譲り」が、「外」のつかない祖父の譲りと同様に扱われており（『鎌倉幕府裁許状集』関東裁許状一七九、『鎌倉遺文』一七一七八）、退座規定、および祖父母を訴えることを禁じた追加法一三八・一四三条における「祖父母」には、外祖父母も含まれていたものと考える。

しかし、問題は異なる解釈を生む叙述である。式目ジェンダー関係法は、社会の実態、人々の現実の意識を離れて、男性中心の叙述が全体を覆っており、混乱を引き起こし、また解釈の変更を生む余地があったのである。

三　女性が関わる訴訟に対する幕府の判決

1　女性が勝訴した時期――十三世紀半ばまで

『鎌倉幕府裁許状集』上における関東裁許状の中で、女性対男性の相論だけを集めてみると、次の表のようになる（関東裁許状に限定したのは、史料の残存状況による）。ここでは、訴人・論人の別を問わず、女性・男性に分けて、勝訴した側に○、敗訴した側に×、引分け・どちらとも言えない場合は△を記した。この表を見ると、残存する裁許状の中では、文永年間に至るまで、女性の敗訴がないことがわかる。

表7 女対男の相論

文書番号	年	西暦	女	男	備考
七	元久元	一二〇四	采女出雲局 ○	下司重経 ×	
二一	承久二	一二二〇	高井重茂地後家尼○	子息太郎重綱 ×	
補三	承久二	一二二〇	藤原三子 ○	公仲宿禰・広経 ×	
二五	貞応元	一二二二	預所 女房大弐局 ○	地頭 為綱 ×	
補五	貞応元	一二二二	地頭景廉女子 ○	地頭代 ×	
四六	安貞二	一二二八	地頭 伊豆局 ○	郷司 久盛 ×	
七〇	仁治二	一二四一	女子坂上氏 △	舎弟 明胤 △	浜地→女子 鎧・旗→舎弟
七五	寛元二	一二四四	山城固後家尼 ○	益田通広 ×	
八三	建長元	一二四九	尼命連 ○	相良頼重 ×	
九一	建長五	一二五三	岩崎尼妙法 △	岩崎隆泰 △	
一一二	**文永元**	**一二六四**	**宮城広成後家尼** ×	**那須資長** ○	
一一四	文永二	一二六五	中野忠能後家尼・女子藤原氏・養子長能 ○	中野為泰 ×	
一二〇	文永七	一二七〇	清原氏 ×	舎弟野上資直○	
一三七	建治元	一二七五	熊谷尼 ×	熊谷長家 ○	
一四〇	建治三	一二七七	姉平氏 ○	駿河有政 ×	
一四二	弘安元	一二七八	中野忠能後家尼蓮阿△	市河重房 △	惣領分は重房
一四三	弘安元	一二七八	徳宿綱幹後家尼・同家幹×	又太郎義幹 ○	
一四四	弘安元	一二七八	地頭藤原氏 ×	雑掌真算 ○	
一四六	弘安二	一二七九	三男勇女子源氏（久曾）○	佐志房嫡孫 熊太丸 ×	
一四七	弘安二	一二七九	安原高長・伊達尼妙法 ○	尾張守公時 ×	
一五一	弘安二	一二七九	渋谷重経後家尼妙蓮・子息重道・女子竹鶴ら ○	与一為重 ×	
一五九	弘安九	一二八六	舎弟政家女子中臣氏 ×	大禰宜中臣頼親 ○	
一六二	弘安一〇	一二八七	地頭伊賀妙光女子藤原氏 ×	雑掌 ○	
一六三	弘安一〇	一二八七	高井時茂女子尼意阿 ×	甥和田時連・舎弟長連・義基 ○	
一六九	弘安一一	一二八八	地頭 小早河茂平女子尼浄蓮○	雑掌 実厳 ×	
一七九	正応二	一二八九	姉大中臣氏・舎弟茂久 ×	藤井経継 ○	
補二五	正応年間	一二八八—一二九三	大内弘貞後家尼 ○	堺兼俊・頼俊 ×	
一九七	永仁二	一二九四	深澤有経女子源氏 △	弟 秋町信経 △	

二〇八	永仁五	一二九七	平氏女　△	雑掌　△	
二一〇	永仁五	一二九七	藤原氏女　×	時長　○	
二一五	永仁六	一二九八	一分地頭　飯田四郎孫女藤原氏　×	永福寺供僧承忠　○	
二一七	永仁六	一二九八	伊達入道念性女子尼妙海　×	嶋津忠長　○	
二二二	正安元	一二九九	上島惟盛女子宇治氏　○	舎兄中村惟季　×	
二二七	正安二	一三〇〇	発智二郎後家尼妙法　×	熊谷直光　○	
二三八	乾元二	一三〇三	平氏・妹同氏（祢々）・定幹△	真壁幹重　△	
二四〇	嘉元元	一三〇三	熊谷頼直後家尼妙法・子息直明　○	地頭代　源秀　×	
二四六	嘉元四	一三〇六	中澤為真後家　×	中澤真光・真直　○	
二四九	徳治二	一三〇七	毛利親忠女子大江氏　×	留守家明　○	
二五〇	徳治三	一三〇八	地頭大江氏　△	預所　△	
二五七	延慶三	一三一〇	地頭仲村女子・一分地頭行方　△	中臣能親　△	
二五八	延慶三	一三一〇	大見頼資女子平氏（摩尼）　△	兄資家　△	和与だが田在家以外は兄へ
二六五	正和二	一三一三	尼播磨局浄泉　○	淵名寺別当良尋　×	
二六八	正和三	一三一三	和田義連後家尼道信　△	相模規時　△	
補三四	正和五	一三一六	中村道覚後家尼音阿　○	中村宗広・薬師丸　×	
二七二	文保元	一三一七	天野景茂女子尼是勝　△	兄景広・弟顕茂　△	
二七三	文保元	一三一七	一分地頭尼見阿　△	惣領山内経清　△	
二八一	元応元	一三一九	別符光綱後家尼崇恵　×	別符幸時　○	
二八四	元応元	一三一九	地頭明知息女紀氏宮石女・盛忠　○	日野茂直　×	
二八五	元応二	一三二〇	姉尼覚生ら　×	小早河景宗　○	
二八六	元応三	一三二一	地頭佐々木重朝女子尼道信　△	雑掌孝順　△	
二九〇	元亨二	一三二二	地頭飯田四郎女子尼妙心　△	伊予僧都厳演　△	
二九二	元亨二	一三二二	伯母平氏　×	和田章連（犬若）　○	
二九四	元亨三	一三二三	地頭尼心称　△	得田章真　△	
二九六	元亨三	一三二三	伊賀義員後家尼覚法・子息行元　○	宇留野大輔僧都宏瑜　×	
二九八	元亨三	一三二三	原貞頼後家尼浄忍・子息頼忠　△	原左衛門尉浄忍・子息時忠　△	
三〇六	正中二	一三二五	和田茂長女子平氏　○	大津重胤　×	
三一三	嘉暦三	一三二八	継母真継　×	熊谷直経　○	
補四〇	嘉暦四	一三二九	藤原氏女　○	土淵貞重　×	
三二二	正慶元	一三三二	村井知性女子伴氏　○	旧夫吉見円忠　×	
三二六	正慶元	一三三二	中野幸重後家尼円阿　×	市河助房　○	
三二七	正慶元	一三三二	中野幸重後家尼円阿　×	市河助房　○	

たとえば、関東裁許状二一の、一二二〇年（承久二）の奥山荘・南深沢郷地頭職をめぐる相論では、母と息子の地頭職をめぐる対立に対し、母が知行した後で息子に譲るようにとの裁許を下している（『中條敦氏所蔵文書』、『鎌倉遺文』二六八八）。この裁許は、二位殿すなわち北条政子の名のもとでの裁許であり、母は嫡子に優越するという法理を定めている。この法理は、後に信濃国の落合後家尼が子息と相論した事件を経て、一二四〇年（延応二）、祖父母、父母に向かって対論することを禁止した追加法に結実する（追加法一四三条「祖父母ならびに父母に敵対し、相論を致す輩の事」）。

また、『相良家文書』一二四一年（仁治二）の、父が遺した鎌倉の浜の家地、旗、鎧をめぐる女子坂上氏と舎弟三郎明胤の相論においては、嫡女の論理と嫡男の論理の対立が見られて、いかにもこの時代らしく、興味深い（関東裁許状七〇、『鎌倉遺文』五九六六）。坂上氏の言い分は、「父の遺した鎌倉の地二か所のうち、甘縄の地は、明胤と妹の福寿に分けたものだが、浜地は父が生前に私に譲ったものである。また、旗・鎧は父の遺物であるから自分が進退しようと思う。しかし、旗はたいして欲しくない」というものであった。おそらく、彼女たちは三人きょうだいで、坂上氏が一番上の姉、すなわち嫡女なのであろう。「旗、鎧は父の遺物だから自分が進退しようと思う」という発想は、平安時代以来の嫡女の地位に基づいている。自分は父に鍾愛された嫡女であるから、きょうだいを代表して父の遺産を相続・管理すべきであるという考え方である。[19] これに対して、明胤の言い分は、「嫡子の自分が相続すべきなのだ、氏女などに権利はない」という、新しく登場してきた嫡子（嫡男）の論理であった。

嫡女対嫡子、この相論に対する幕府の判決は、両方の立場を認め、浜地（家地）は女子へ、旗・鎧は嫡子へというものであった。坂上氏は、最初から旗はいらないが鎧は欲しいと言っていた。おそらく、父が生前身に着けていた鎧であるから、自分が持っているのがふさわしいと考えたのであろうが、幕府は家に相伝されるべきものと考えたのであり、嫡子のものとなった。

以上に見てきたように、鎌倉時代前半期の裁許では、意図的ともいえるほど女性の勝訴が続くのだが、内容を見ると無理に女性を勝たせているとも思えない。むしろ、当時の社会の実情に合わせて、式目の趣旨に合わせて判断されている。

文永年間に至るまで、女性の敗訴が一つもないのは、偶然の史料の残存状況によるのかもしれないが、一方で偶然とばかりも言えない。幕府は女性の地位の安定を意図していたと考えられるのである。女性の知行の安定は、すなわち御家人の家の安定につながり、それが幕府の考える社会の安定に他ならなかったからである。

2　転換――文永元年の関東裁許状

『鎌倉幕府裁許状集』の中で、女性が敗訴した最初の例は、『結城文書』文永元年（一二六四年）の裁許状である（関東裁許状一一二、『鎌倉遺文』九一六六）。この裁許は、きわめて象徴的で、画期をなすものである。

宮城広成の後家尼は、子息景広を代理に立て、那須資長と相論をした。広成後家尼の訴えによると、故平氏女が、父から譲られた鎌倉地を広成後家尼に譲ったのに、それを故平氏女の夫資長が押領してしまった。尼は故平氏女とは異姓他人であるが、資長は旧夫であって他人ではない。公家法以来、他人和与は悔返せないので、異姓他人の尼に譲った土地を旧夫が取り戻すことはできないはずである。資長は旧夫とはいえ、氏女の所領、鎌倉地、所従、資財をみな相伝しているので、他人とは言えない、というのである。

これに対して、資長の陳状は次のようなものであった。平氏女は資長の旧妻で、この家地は夫資長が譲られたものである。しかし、旧妻は「外人」なので、資長に譲ったものはすでに悔返せないはずである、というのであった。

この裁許では、「他人和与は悔返えせない」という法理の存在から、双方が平氏女とは他人であると主張することになった。しかし、その判決は次のようなものであった。

「夫に譲るの財は悔返されざるの条、法意といい、傍例といい、分明か。しかれば、氏女くだんの地をもって資長に譲り与ふるの後、尼に分譲せしむるの条、叙用され難きか」

すなわち、妻が夫に譲った財は悔返せないということが、「法意」にも分明であるというのである。

幕府は、旧夫資長を他人ではなく、「夫」として扱いながら、夫を優遇する姿勢をとった。資長は、召文違背《めしぶみいはい》もしているのに、それは問題にしていない。しかも、その依拠するところが、なんと「法意」すなわち公家法である。これまで一貫して差異を強調してきた公家法を、むしろ積極的に肯定し、依拠しているのである。これは、将軍宗尊親王を擁する時期ゆえのことかもしれないが、幕府のジェンダー政策の転換点と言える判決であろう。

この、「妻が夫に譲った財は悔返せない」という法理は、全くの初見である。

夫婦間の悔返しをめぐる裁許では、これより後、一三〇七年（徳治二）の『留守文書』の例がある（関東裁許状二四九、『鎌倉遺文』二二〇九四）。こちらは、夫が妻に譲った所領が悔返せるかどうかが争われたが、幕府は悔返せるという見解を示した。

「妻が夫に譲った所領は悔返せない」とする『結城文書』の裁許と、「夫が妻に譲った所領は悔返せる」とする『留守文書』の裁許。このダブルスタンダードについては、五味文彦が、「夫婦別財とはいいながら、夫の財産と妻の財産とでは明らかな差別があった」と指摘している[20]。この問題については私も卒論で注目したことがあり、五味の見解に賛同したが、今にして思えば、鎌倉時代の中でも、ジェンダーをめぐる法は変化するのであり、この「妻が夫に譲った財は悔返せない」という法理は、鎌倉時代後半の文永年間における幕府のジェンダー政策の転換の中で作られたもので、式目制定当初からあるものとは思えないのである。

なぜなら、この法理は、これに先立つ一二三九年（延応元）の『小鹿島文書』における裁許と矛盾するからである（関東裁許状六二、『鎌倉遺文』五四九六）。この相論は、娘（薬上）の死後、その父（公蓮）が娘に譲った地頭職を悔返して息子に譲与したため、娘婿と相論になったものである。婿（頼定）の立場としては、配偶者が譲状を書かずに死去した場合は、自分が後家と同様な立場で、その所領を三人の子どもたちに相伝させるのが当然だと考えていた。それなのに、公蓮が悔返して他子に譲ってしまったのは不当であるとした。

これに対する幕府の裁許は、父の悔返しを認めるものであった。これは、式目一八条の女子への悔返しを認めた法に基づくと考えられる。もしも、「妻が夫に譲った所領は悔返せない」ならば、妻の父は悔返せないはずである。

以上に見てきたように、文永元年の『結城文書』の裁許は、幕府のジェンダー関連法の在り方を大きく転換させるものであったと言える。式目一八条などで明確に否定してきた「法意」に依拠して、女性を敗訴させたのである。

この文永元年の裁許状は、偶然、現在まで伝わった一通の文書であるが、鎌倉幕府のジェンダー政策のターニングポイントを象徴的に示すものと捉えたい。これ以後、幕府はこれまでのように女性を多く勝訴させることはなくなるのである。以後の勝訴の割合には、極端なジェンダーの偏りはないものの、若干、男性の勝訴が多くなる。要するに鎌倉幕府は、式目以来続けてきた、女性の知行を擁護する方針をここで放棄したのだと言えよう。式目が最も公家法を意識し、公家法との違いを強調して、武家社会の慣習を基に確立しようとしたのが、女性の所領に対する権限であった。ここに至って、幕府のその方針がぶれ始めるのだ。

もちろん、これ以後においても、式目に基づいた裁許が行なわれていく。

たとえば、一二七九年（弘安二）『有浦文書』の裁許状では、モンゴル戦争を背景に、嫡系の論理と親の譲りが対立した時、幕府は、嫡孫による「嫡孫をさしおきながら、末子の女子に譲るというのは問題だ」という主張を退け、親の譲状を帯する孫娘の権利を認めている（関東裁許状一四五、『鎌倉遺文』一三七三一）。

その一方で、いささか粗雑で乱暴な判決も出されている。次の『野上文書』の一二七〇年（文永七）の裁許状（関東裁許状一二〇、『鎌倉遺文』一〇六一七）の場合をみてみよう。

姉の清原氏が、父から譲られた所領をめぐって、舎弟の資直と相論をした。清原氏が持っているのは前判の譲状だが、彼女は「資直は『取子』であり、従女がこの事を申し出たら、資直は従女を殺してしまった」と述べた。しかし、判決は清原氏の敗訴に終った。それは、清原氏が「告言の罪」に当たり、父の命に背いたとされたからである。一方の資直の従女殺しについては、「資直は売ってしまったのだと主張しているし、もし殺したとしても所従であるから訴訟はできない」ということで不問に付された。

この場合、清原氏が所持しているのは前判の譲状なので、もともと不利な立場であった。不利であるから、資直の出生の秘密を暴き、従女殺しの非法を訴えたのである。しかし、幕府は従女殺しは取り上げずに清原氏を敗訴させた。その判決の出し方としては、「前半の譲状」より「後判の譲状」が勝つという法理だけで十分なはずである。それをわざわざ「告言の罪」（父母や祖父母を訴える罪）としているところに、幕府が清原氏の訴訟を却下し、資直を勝訴させようという意思を感じるのである。

時代が、女性の知行に否定的に動いていた。幕府の方針よりも、むしろ在地の変化の方が激しかった。たとえば、この頃、女子一期分が普及しつつあったが、これは幕府が奨励したことではない[21]。あくまでも在地の側から、実施が始まったものである。また、嫡系の論理、父系一族の論理が力を増す中で、後家の力の後退も見られた。

式目制定当初、幕府が安定的な御家人社会に不可欠だと考えていた、男女子息による所領の分割相続と公事の寄合勤仕による惣領制、後家による家の存続は、十三世紀後半から大きく揺らいでいた。そうした危機の中で、幕府はいかに対応したであろうか。

四　後家女子知行の鎮西所領——女性知行の否定——

モンゴル戦争と臨戦体制の長期化、増加する御家人役、分割相続の繰り返しにより減少する所領…。こうした危機的状況の中で、御家人の各家が父系一族による結束を強め、女性の知行に否定的な方針を示しつつあった。式目的なジェンダー秩序は、もはや時代の変化に対応できなくなってきた。そんな中で、幕府は突然、女性の知行に否定的な見解を打ち出した。

一二八六年（弘安九）七月二五日、次のような二つの追加法が同日に出された。

一　鎮西御家人所領事　〈追加法五九六条〉
異国警固不落居之程者、不可譲女子、無男子者、以親類為養子、可譲之、

一　後家改嫁事　〈追加法五九七条〉
至内々之密儀者、縦雖有風聞之説、非沙汰限之由、被載式目追加畢、依之普雖令現形、稱密儀不及其沙汰、於自今巳後者、不致所領成敗、雖不行家中之雑事、有不調之聞者、任本式目可有其科、

これらの法が同時に出されたということは、幕府が意識的にジェンダー関連法を出したと言うことができる。

五九六条は、異国警固が落着くまでは女子に譲ってはいけない、男子が無ければ親類の男子を養子にして譲るようにというもので、鎮西御家人に限定されてはいるが、女子への譲与を明確に否定した初めての幕府法として注目に値

する。

また、五九七条の「後家改嫁」については、何度も出された法の最終版である。ここでは、一二三九年（延応元）の追加法一二一条で定めた「内々の密儀は問題にしない」という法理を完全に否定したことになり、家中の雑事や所領の成敗をしなくとも、改嫁したという伝聞だけで罪として所領を没収するというものである。

この後も、鎮西では、異国警固を理由に女性の知行を否定する法が、何度か出される。正応年間（一二八八〜九三）においてはさらに発展して、『二階堂文書』の一三二九年（元徳元）の「鎮西裁許状」に、「後家女子知行の鎮西所領は、警固の要器にあらざるの間、収公せらるべきの由、正応年中、沙汰有るの刻」とあるように、後家女子が知行する鎮西所領を、異国警固の資格がないから没収するという判断が示されている（「鎮西裁許状」一八八、『鎌倉遺文』三〇八三九）。

これらの法は、鎮西特殊立法として理解されているが、その影響力は鎮西にとどまるものではない。十四世紀に入ると、裁許状には惣領を勝訴させるものが目立ち始める（たとえば、「関東裁許状」二五八、二八五など）。

すでに南北朝時代に入った一三四六年（貞和二）、安芸の熊谷直経は、安芸国三入荘《みりのしょう》地頭職を「嫡女たる上、ことさら不便にあい思うによって」嫡女虎鶴御前に譲与しようとしたが、「公方御公事軍役等」のため虎熊丸に一円譲与し、虎鶴御前と他の二人の女子には他に知行分を与えた。それでも、もし虎熊丸に子がなければ、虎鶴御前の子を他姓であっても養子として熊谷を名乗らせ、惣領として一円知行させせよ、虎鶴御前にも子がない場合は、虎鶴御前と虎熊丸と二人で相談して決めるように、と定めた（『熊谷家文書』九一、『大日本古文書』家わけ第一四）。ここには、平安時代以来の、鍾愛する嫡女に所領を譲りたいという父の強い気持ちがあり、それが「公方御公事軍役等」のために否定されていく様を見ることができる。

モンゴルの襲来と、後に続く臨戦態勢は、鎌倉幕府をして、女性の知行の否定という明確な姿勢を打ち出させるに至ったのである。

おわりに

鎌倉時代は戦乱の多い時代であった。

そうした危機への対応として、鎌倉幕府は、前期においては女性の知行を保障することで危機を回避しようとし、モンゴル戦争以後においては、女性の知行を否定することで危機を回避しようとした。

鎌倉前期の幕府は、男女分割相続、公事の寄合勤仕という惣領制を基盤としていた。家の存続には、後家による家の管理・継承が不可欠であった。御成敗式目は、まさに、このような社会基盤の上に成立した法だったのである。式目が、律令の流れを汲む公家法との明確な違いを打ち出したのは、ジェンダー関係法においてであった。そして、裁許において、積極的に女性の権利を擁護しようとした。

しかし、分割相続の繰り返し、有力御家人の相次ぐ滅亡と得宗専制、モンゴル襲来という危機の時代を迎える中で、御家人の家では、父系一族・一門による結合を強化し、嫡系の論理を強めて、女性排除の論理が頭をもたげ、女性の知行を否定する方向性が示された。女子一期分は、そうした中で開始されたものであった。嫡系の論理、父系一族の論理が力を増す中で、後家の力の後退も見られた。

こうした在地の変化に対応し、幕府は結局、式目におけるジェンダーの理念を放棄していく。文永年間に出された裁許は、公家法に依拠して、女性を敗訴させるという「画期的」な判決であった。さらに、公安年間には異国警固を理由に、鎮西特殊立法という形であれ、女性の知行を完全に否定する法を出すに至った。女性を排除する姿勢が現れたのであった。

以上に、式目を通して鎌倉幕府のジェンダー政策の特徴と変遷を見てきた。鎌倉幕府のみならず、一つの政権の存立にはジェンダー政策が欠かせない要素であり、こうした視点に立った議論の進展を望むものである。

註

（1）三浦周行『法制史の研究』、岩波書店、一九一九年。
（2）中田薫『法制史論集』一、岩波書店、一九二六年。
（3）石井良助「中世婚姻法」、『法学協会雑誌』六〇―二、一九四二年。
（4）岡田章雄「中世武家社会に於ける女性の経済的地位」、『歴史地理』六〇―三・四、一九三二年。
（5）五味文彦「女性所領と家」、女性史総合研究会編『日本女性史』二、東京大学出版会、一九八二年。
（6）このジャンルの研究には多くの蓄積がある。いま、筆者が主要と考えるもののみを挙げておく。加藤桂子「鎌倉時代における婦人財産権」（東京女子大学『史論』三、一九五五年）、石村みち子「地頭職相伝上の女性の地位――入来文書を中心として――」（『国学院雑誌』七六―七、一九六一年。のち後藤みち子『中世公家の家と女性』吉川弘文館、二〇〇二年、所収）、西村圭子「中世の女子相続制に関する二、三の考察」（『歴史教育』十三―七、一九六五年）など。
（7）たとえば、飯沼賢司の一連の研究、「中世イエ研究前進のための試論」（『民衆史研究』二三・二四、一九八二年）など、鈴木国広の一連の研究『在地領主制』（雄山閣、一九八〇年）など、高橋秀樹の一連の研究『日本中世の家と親族』（吉川弘文館、一九九六年）など、脇田晴子『日本中世女性史の研究』（東京大学出版会、一九九二年）、峰岸純夫編『中世を考える　家族と女性』（吉川弘文館、一九九二年）所収の諸論文、など。

（8）拙稿「中世における天皇家――女院領の伝領と養子――」、前近代女性史研究会編『家族と女性の歴史――古代・中世』吉川弘文館、一九八九年。のち、改訂の上、「不婚内親王の准母立后と女院領の伝領」として拙著『家族史としての女院論』校倉書房、二〇〇六年、所収。
（9）五味前掲（5）論文。
（10）拙稿「中世における後家相続」、『比較家族史研究』六、一九九一年。のち、拙著『家族史としての女院論』校倉書房、二〇〇六年、所収。
（11）五味前掲（5）論文。
（12）黒田弘子『女性からみた中世社会と法』、校倉書房、二〇〇二年、二〇一頁。
（13）黒田前掲（12）書一九九頁。
（14）勝俣鎮夫「中世武家密懐法の展開」、『史学雑誌』八一―六、一九七二年。のち勝俣『戦国法成立史論』東京大学出版会、一九七九年、所収。
（15）拙著「辻捕の光景」、前掲註（10）拙著所収。
（16）黒田弘子「中世法のなかの女性たち」（総合女性史研究会編『時代を生きた女性たち』朝日新聞出版、二〇一〇年）
（17）明石一紀「鎌倉武士の『家』――父系集団から単独的イエへ」、伊東聖子・河野信子編『おんなとおとこの誕生――古代から中世へ――』〈女と男の時空〉Ⅱ、藤原書店、一九九六年。
（18）拙稿「「家」と親族をめぐる試論――鎌倉期・武士層を中心に」、鎌倉遺文研究会編『鎌倉時代の社会と文化』東京堂出版、一九九九年。のち前掲（8）拙著所収。
（19）本書第五章において、大姫すなわち嫡女の権限を考察した。初出「大姫・乙姫考」『ジェンダー史学』四、二〇〇八年。
（20）五味前掲（5）論文。
（21）前掲（18）拙稿。

終章　ジェンダーで読む中世日本社会——若干の補足とまとめ——

本書で私は、中世の日本社会に生きる人々が、日常の暮らしの中で形作っていた広義の文化——感性、思考、行動様式、人間関係——について、ジェンダーの視点で読み解くことを試みた。ここで、簡単ながらまとめと補足をしておきたい。

一　ジェンダー

1　ジェンダー視点の必要性

歴史学は、長らく一部の権力を握った男性の活動ばかりを研究対象としてきた。ジェンダーの問題に全く注意を払わない研究が大勢を占め、ジェンダーの問題は一部フェミニストが取り組んでいる特殊なジャンルのように思われてきた。それゆえ、一部のフェミニストの間では、history は his-story（彼の物語）であるとして、her-story（彼女の物語）の構築を呼びかける向きもあった。ただし、これはきわめて巧みな語呂合わせではあるが、歴史的事実と異なる。history の語源は英語ではなく、「彼の物語」という意味ではない。もともとギリシャ語に由来する語で、歴史を探究し語ることを指す。実際、history は一部の男性のみが動かしてきたわけではないのに、そのように語られてきたことが間違いだったのである。historyを一面的な「彼の物語」から解き放ち、「彼女の物語」でもある「人間の物語」の探究に戻すことこそが必要なのであり、その時に役立つのがジェンダーという概念である。

ジェンダーは自然発生的なものではなく、社会の各レヴェルにおける権力は、ジェンダーの在り方に注意を払い、法や制度や慣習を整えてジェンダーを管理し、人々の性と生殖、人生を規定してきた。ジェンダーの規定は、特に女性の側に、どれくらいの負荷をかけるかを規定することであった。

ジェンダーの視点を以て歴史を読み替えるならば、よく知られた出来事も、これまでとは異なる意味を持ってくる。たとえば、古代の偽籍、戸籍に男を女と偽って登録するという民衆の行動は、男性に過重な税負担を強いる律令国家のジェンダー政策に対する、男性側からの（あるいは男性を擁する共同体からの）異議申し立てと捉えることができる。

鎌倉幕府が御成敗式目を制定した時に、公家法との違いを殊更に強調した条文があることはよく知られているが、実は、それらは全てジェンダー関係法であった（本書第八章「御成敗式目とジェンダー」）。御成敗式目は、ジェンダーの視点なくしては、理解ができないのである。

草創期の室町幕府が示した建武式目に、「一　可被止権貴幷女姓禅律僧口入事」とあるのは、鎌倉時代までは見られなかった、女性の政治参加を明確に否定した法である（実際にはそうならなかったが）。

さらに、豊臣秀吉が大名の妻を国元から引き離して人質とし、江戸幕府が参勤交代制によって妻子の江戸住みを強制したのは、大名の正室を領国の政治に参加させないしくみであったと言える。それは、中世には一般的に行なわれていた、夫の不在時には妻が代理を果たし、夫の死後は後家が家を引き受け、家族を取り仕切り、外に向けて家を代表するといった慣習の否定に他ならず、その結果、大名の家は不安定化し、その力は削がれることになった。「末期養子の禁」などということが問題になるのは、後家の権限を否定したからに他ならない。

これらの例からわかるように、あらゆる政権は、意識的にジェンダーを規定する法や制度を整える。社会におけるジェンダーは、決して自然発生的なものではないのである。ある政権の性格を論ずる時、ジェンダー政策に目を向けなければ、一面的な理解しかできないものと思われる。そして、ジェンダーは社会の各集団の中でも形成され、人々の行動様式や慣習、文化を規定するのである。

2　誰が女で誰が男か

ところで、ジェンダーが「身体的差異に意味を付与する知」（スコット[1]）であり、さらに身体的差異さえも構築されるものであれば、中世社会において、誰が女で、誰が男か？ということが問題になろう。そもそも、一人一人異なる個性を持つ人間は、セクシュアリティにおいても明確に二種類に区分できるものではなく、グラデーションをなしている。それを、女と男に区分するのがジェンダーという装置なのであるが、それでは、中世の女とは、男とは誰を指すのか。これはきわめて解明が困難な問題であり、史料が乏しいために何らかの社会的な約束事を見出すことは困難である。

試みに、『病草紙[2]』の「ふたなりの男」を見てみよう。その詞書には、次のように書かれている。

なかごろ、みやこにつゞみをくびにかけて、うらしありく男あり。かたちおとこなれども、女のすがたにゝたることもありけり。人これをおぼつなかがりて、よるねいりたるに、ひそかにきぬをかきあげて、みければ、男女の根、ともにありけり。これ二形《ふたなり》のものなり。

【訳】そう遠くない昔、都に鼓を首にかけて、占いをして歩く男がいた。姿は男であるけれども、女のような姿をしていることもあった。人はこれをいぶかしがって、夜、寝入っているすきに、ひそかに衣をかき上げて見れば、男女の性器が共にあった。これは、「二形《ふたなり》」の者である。

絵には、ひげを蓄え、烏帽子を被った男の姿が描かれている。性の境界に位置するこの人物は、平常は男装して男として社会的に認知されているのだが、時に女の姿に見えることもあって、人々にいぶかしがられていたという。しかし、あくまでも女には、「似たることもあり」というだけで、彼は女ではなかった。彼のジェンダーは、男であった。彼はなぜ男なのか、彼自身が男であることを選んだのか、それとも社会的に男として生きるよう定められたのか、それはわからない。ただ、時に女のような姿をしていたという書き方からは、彼自身が自らのジェンダー・アイデンティティについて、一種の曖昧さを持っていたように読める。

ふたなりは「病」として捉えられ、他の人々から嘲笑されている。彼が、首から数珠をかけ、鼓と笛を持ち、占をして歩いていたのは、ふたなりであるために、共同体から放出され、下層の宗教者・芸能民としての生活を送ることを余儀なくされたからであろう。また、「異形」ゆえの超能力を期待され、あたかも「ハーメルンの笛吹き男」のように、楽器を奏で、占をして歩くという神と人とをつなぐ行為[3]を生業としたのであろう。

また、『日本霊異記』（九世紀初）、『三宝絵』（十世紀後期）、『法華験記』（十一世紀半ば）、『元亨釈書』（十四世紀）には、肉塊として生まれ、「形は女なりといへども女根なくして、わずかに尿《ゆばり》の道あり」（『法華験記』[4]）という身体を持つ比丘尼舎利が登場する。彼女の描かれ方は、時代によって若干の違いがあり、『霊異記』では異形の尼であるが、時代が下るにつれ、仏道に長けた聖女として美女とされていく。また、女性器の欠如した身体的特徴について、『霊異記』では「愚なる俗あざけりて、号《なづ》けて猴聖《さるひじり》と曰ふ」[5]とされているが、『法華験記』では「世間の見る者、皆尊重を生じて、号づけて聖人と曰へり」と評価されるようになる。この変化は、女性嫌悪の進展と関わりがあろう。

この尼舎利の場合は、生まれた時から「女子」と判断されていて、「形は女なりといへども女根なく」（『法華験記』）と記されているように、女性器はなくても女性として育てられて尼となった。彼女の場合は、出生時の性の決定に、女性器の欠如という事実よりも、男性器の欠如という事実が重視されて、女子と決定されたのではなかろうか。赤子の性の決定には、男性器の有無が女性器の有無に優越したのかもしれない。

一方、十二世紀に成立した『とりかへばや物語』[6]を読むと、中世貴族社会における「男らしさ」「女らしさ」の観念に従って、女性の身体を持つがジェンダーは（父によって）男性と決定された中納言と、男性の身体を持つがジェンダーは（父によって）女性と決定された尚侍《ないし》が登場する。二人の成長過程における大きな違いは、男子は元服によって烏帽子《えぼし》、実名《じつみょう》を得、国家的位階・官職大系に組み込まれていくのだが、女子は、成人儀礼である裳着《もぎ》をして大人になっても、外に出ることはないことである。

さらに、中世の寺院には稚児たちがいて、僧たちの性の相手とされることが広く行なわれていた。稚児は成長後は元服して「男」になるか僧になる、つまり将来のジェンダーは男性であるが、まだ童であるから社会的には「男」とは呼ばれないし、むろん「女」でもない。しかし、稚児である間は髪を長く伸ばし、化粧をして、女性と変わらない姿をしていた[7]。それゆえ、田中貴子は、僧たちが稚児との間で持つ性関係は、ホモセクシュアルとは言えず、「限りなくヘテロセクシュアル（異性愛）に近い[8]」ものであったと述べている。

以上に粗々見てきたように、中世においても多様な性を持つ人々がいて、さまざまな状況によって、男・女に区分されていたのである。史料が少ないので、ここではその条件に何らかの法則性を見出すことはできない。ただ、多様なケースがあったことを記しておきたい。

二　ジェンダーによる時代区分

1　中世的ジェンダーの形成——九世紀後半

律令制の導入による律令国家の形成は、ジェンダーの在り方に決定的な変化をもたらした。

律令制の導入により、女性は二官八省の官職から締め出された。ただし、従来から続く女性の働きは無視できず、女官としての活躍は続いた。[9]酒宴の場では、従来男女が同席して酒を飲んでいたのだが、職場の宴会は男性だけとなり、呼ばれる芸人は遊行女婦という女性ばかりになった。

女性にも口分田が班給されたが、課税の対象は男性を主とする制度に整えられた。戸籍は、妻問婚による実際の家族形態を記さず、家父長制大家族を擬制して作成された。

そうした時代の中で、ジェンダーの在り方は次第に変わっていった。奈良時代から平安時代に変わる頃の様子を反映しているのが、本書第二章で扱った『日本霊異記』である。

九世紀半ばになると、古代から中世への最初の大きな転換期が訪れる。ジェンダーで歴史を見ていくときに、中世的なるものの萌芽は九世紀半ばにあると考える。貴族社会における、父から息子へと家業を継承する家の形成、[10]女帝の消滅と幼帝の即位、摂政関白と国母の権力掌握、女性を穢とする観念の創出、[11]尼の国家的法会からの排除、官尼寺の退転、[12]五障三従や転女成仏といった女性嫌悪《ミソジニー》的な言説、妻の父による婿取婚への移行、一夫多妻多妾制、女性の意思に反した性行為、性の売買、これらは全てこの時期に始まったことである。

中世的ジェンダーの枠組みにおいて重要なのは、男性は元服して烏帽子をかぶり「公」の人となり、女性は成人しても髪を上げずに「私」の人に留まる、という制度の成立であろう。この問題については、服藤早苗の詳細な研究がある。服藤によれば、男性は七世紀以前には成人するとミズラに結っていたが、八世紀には元服が萌芽し、九世紀から十世紀にかけて天皇から貴族へと普及していった。そして、それと同時期に、女性の公的な儀式からの排除が進んでいった[13]。

女性の成人式について、服藤は内親王の成人式に注目して考察し、従来から髪上げ（加笄）が行なわれてきたものの、十世紀になると裳着《もぎ》が始まり、さらに十世紀後半になると専ら裳着《もぎ》が中心となって髪上げが廃れてしまうことを明らかにした[14]。さらに、成人しても実名をつけられなくなった。

しかし、女性が髪を結い上げることが、全くなくなったわけではない。ごく一部の后宮や女房が、朝廷及びそれに准じる公式な場の儀式に参加する時にのみ、髪を上げたのである。たとえば、『紫式部日記』には、彰子の五夜の儀の様子が、「御膳《おもの》まゐるとて、女房八人、ひとつ色にそうぞきて、髪あげ、白き元結して、白き御盤とりつづきまゐる」と描写されている。すなわち、中世における女房の正装は、裳《も》・唐衣《からぎぬ》に加えて、正式には髪を上げるものだった（ただし、髪を上げると言っても、全て結い上げるわけではなく、額の上の方に小さな髻を作る程度で、後ろの髪は垂らしていた）。その他の女性は、公的な政治・儀式に参加することがなく、髪を上げる機会もなかった。

髪を上げた姿は「公」であり、「晴《はれ》」すなわち非日常の姿である。垂髪は「褻《け》」すなわち日常の状態である。垂髪姿で暮らす女性は、皆、日常・非公式な存在なのだと考えられる。平安王朝時代、さまざまな儀礼が整備されていく中で女性は排除されていったが、女性の髪上げは、この動きとパラレルに廃れて行った。平安時代の女性の垂髪は、単なる美意識の問題ではなく、また唐風から和風への変化ということだけでは捉えられず、女性が総体として、公的な場に出ないジェンダーとされたことを意味しているのである。

中世社会は、男性は烏帽子をかぶり、国家の官職・課税システムの中に位置づけられ、公の人となるが、女性は髪を上げず、私の人に留まる時代であった。これが、中世のジェンダーの大きな枠組みである。男性であれば、官位を持たない平民・百姓でも烏帽子をかぶり、官物公事等を負担する存在となった。烏帽子は、国家の成員としての標識である。服藤早苗の考察⑮によると、十世紀以降も、女性は私領主や作人となっていたのに、土地台帳や官物公事納入の文書に女性名が登場しなくなる。それは、女性の場合、女性名で登録されず、「山口得丸」や「金垣」など男性のような仮名《けみょう》が使用されたからである。平民・百姓の女性は自身の名前で国衙領における請負主体になれなくなったのである。実際には、女性は依然として土地を相続・売買し続けていたにもかかわらず。

なお、ここで注目すべきは、男の元服が先に成立し、定着した頃になって、女の裳着が成立し、髪上げが廃れたことである。中世社会のジェンダー規範の形成において、先に男の規範ができて社会の枠組みが作られ、しかる後にそれに合わせて女が位置付けられたのである。

2　中世的ジェンダーの展開――院政期から鎌倉前期

平安末の院政期には、荘園制社会が形成された。所領は、男女に関わらず、所有することができた。

鎌倉時代初めにかけて、婚姻居住形態は大きく変化した。結婚の決定権が夫の父に移り、邸宅は夫側が用意するようになった。妻は、夫側の用意した屋敷に嫁に行くようになるが、夫の両親とは同居しなかった⑯。

夫婦の永続性が強まるとともに、夫婦単位の精神的な結合が強まっていく。夫婦は互いに「縁友《えんとも》」と称して、一夫一婦が一生添い遂げ、来世は極楽の一つ蓮《はちす》の上に生まれ変わろうと、ともに仏道に励むようになった⑰。夫婦どちらかの死後に、遺された方が出家して菩提を弔うことが始まったが、それはやがて、夫の死後に妻が後家尼として出家する習慣として定着した。ただし、一夫一婦の他に多妾制が社会的に認められていた。

夫婦は別財だったが、持ち寄って生活した。どちらかが死ねば、遺された側がその財産を管理し、子どもたちに分割譲与したが、夫が先に死ぬ場合が多く、後家尼が管領して子どもたちに譲与し、監督した。後家は夫没後の家を公的に代表する存在であった。

鎌倉幕府の御成敗式目は、このような社会の慣習を成文化したものであった。御家人の家では、惣領のもとに兄弟姉妹が寄り合って公事を勤仕する惣領制が取られ、嫡男子に主たる所領が譲られたものの、男女子息に分割相続が行なわれた。女性も御家人として幕府に勤仕し、地頭に任命された。

このようにして見ると、ジェンダー間は比較的対等で、女性の地位は比較的安定していたように見える。しかし、社会全体の枠組みは、必ずしも男女対等とは言えなかった。

再び髪形に注目しよう。かつて黒田日出男が、男性の髪形から中世の身分制を論じた[18]ように、前近代における服装・髪形は、ジェンダーと身分の標識である。烏帽子は、成人男性の表象であり、一人前の「男」として、下人や非人や女性と区別される身分とジェンダーの標識である。

一方、女性の身分は、髪の長さで表された。『男衾三郎絵詞《おぶすまさぶろうえことば》』[19]には、引きずる程の長い髪の姫が、人の召使になると髪を背中の途中で切られ、さらに、水汲み下人に落とされると髪を元結際より切られ、童髪《わらわがみ》となる。つまり、女性の場合、身分が高いほど、髪が長いのである。清少納言が、「短くてありぬべきもの。……下衆女《げすおんな》の髪。」(『枕草子』二二四段)[20]と述べているように、貴族女性にとって、長い髪は身分的アイデンティティに関わる重要なものであった。身の丈に余る黒髪は貴族、背中までが平民・百姓、肩までの尼削ぎは、下人、非人、子ども、尼である。尼は二段階で出家し、尼削ぎを経て、完全剃髪に至るのであった。

男性は元服によって実名を名乗ったが、女性は裳着をしても特に名を改める習慣はなかったようである。「子」が付く実名は、ごく一部の朝廷に出仕する女性のみが付けられるものであり、他は童名のままだったと思われる。女性は土地の証文や公的な文書において、姓＋姉子・中子・三子のような女子排行名や、姓＋氏女と名乗り、普段呼ばれている名を名乗ることはなかった。名を名乗らない習慣は、中世社会特有のジェンダーの問題として捉えるべきであろう。女性はそもそも公的に名乗る実名を持っていなかったために、姓だけを名乗ることになったのである。

身分の高い女性は、顔を隠す習慣があった。これは、すでに平安王朝時代からあったもので、外を歩く場合も、笠や布で顔を隠した。

これらの事象からは、中世の女性が、実際には社会的にかなりの力を保ちながら、公的な場において不可視化されている状況を指摘できる。

仏教では、山の女人結界が成立する。京都の貴族社会で生まれた穢、五障三従、転女成仏、変成男子、あるいは女性は嫉妬深いといったような女性差別観が、鎌倉時代になると京都を離れて在地へと広がり始める。これは、女性嫌悪に他ならない。しかし、社会全体としては、まだそれらの差別思想が普及したとは言えず、女性の精神に影響を与えていたわけではなかった。[21]

ところで、院政期には、独裁者たる院の下、上皇や貴族男性たちの間で「女性の下賜」「女性の共有」がしばしば行なわれるようになっていた。たとえば、藤原璋子（待賢門院）は、白河上皇の養女でかつ愛人として寵愛された後に、孫の鳥羽天皇の中宮とされたが、その後も白河上皇との親密な関係は続いたようで、三院御幸として三人で行動することも多かった。[22] その結果、生まれた長男の父親を廻って貴族社会に火種を作ることになったが、一人の女性を挟んだ白河院と鳥羽院との関係は、嫉妬と対立だけではなかったかもしれない。白河院はまた、寵愛する祇園女御を、身ごもったまま平忠盛に下賜し、生まれた子どもが清盛であるという。さらに、近衛天皇の皇后であった藤原多子は、近衛の死後、太皇太后となっていたが、二条天皇が強いて自分のきさきとしたため「二代后」と言われた。こうした最高権力者の男性たちによる女性の共有は、今から見れば奇異に見えるが、男同士の絆《ホモソーシャル》を固めるために有効な手段だったのかもしれない。尚侍、典侍といった天皇に仕える位高の女官が、天皇のきさきの一人と化したのも、この時代の特徴である。

その一方で、男同士の場から、女性が締め出されるようになった。たとえば、戦場である。『平家物語』木曽最期の場面において巴御前は華々しく活躍するが、命がけで尽くした恋人義仲によって「女だから」とさっさと追い払われ、その後は、女性を排除した上での義仲と今井兼平との男同士の固い絆と、二人きりの死が感動的に語られるのである。

院政期の貴族社会は、ホモセクシュアルな人間関係が縦横にめぐらされ、それが政治を動かす事態にまでなった。これは、きわめて特徴的な宮廷の姿である。なお、男同士の絆《ホモソーシャル》という概念は、近代社会を分析する概念として作られ、ホモフォビア（同性愛嫌悪）を内包するとされるが[23]、院政期における男同士の絆《ホモソーシャル》は、ホモセクシュアルに直結する傾向があった。この時代の特徴であろう。

さて、以上に見てきたように、女性の地位の低下傾向は否定できないものの、中世前期には、女性の能力を認め、称賛する男性の識者が多く現れた。たとえば道元は、女人結界を嘲笑し、女性に何の罪があり、男性に何の徳があるのか、と喝破している（『正法眼蔵』）。また、慈円は『愚管抄』において、日本は古来「女人入眼」の国であるとして、歴史の中における女性の政治力を高く評価した。そして、「男女によらず器量を先とする習い」があるとした。だが、これらの言説も、結局は母への評価に収斂される傾向があった。慈円が考える女性の政治は、結局は母后摂政の形であった。慈円は「女人入眼」が起こる理由として、次のように述べている。

其故を仏法にいれて心得るに、人界の生と申は、母の腹にやどりて人はいでくる事にて侍也。この母の苦、いひやる方なし。此苦をうけて人をうみいだす。この人の中に因果善悪あひまじりて、悪人善人はいでくる中に、二乗、菩薩のひじりも有り。調達、くがりの外道も有り。是はみな女人母の恩なり。是によりて母をやしなひうやまひすべき道理のあらはるゝにて侍也。妻后母后を兼じたるより、神功皇后も皇極天王も位につかせおはします也。（『愚管抄』巻三）[24]（原漢字カタカナ交じり文。便宜カタカナを平仮名に直した。）

一方、この時代には「女性たちの世界」も健在であった。女院と女房の作る世界が、文化を生み時代を作った[25]。女性の所領が女性に譲られることも多いことも指摘されている。下人の子分け規定のように、女子は母に付けるという意識は、下人以外でもあったようである。北条政子のような一族を代表する女性は、親族の女性たちを保護する役割を果たした[26]。

以上に見てきたように、中世前期は、ジェンダーをめぐるきわめて多様な、時にアンビバレントな現象と思考が、混在していた時代だったのである。

3　中世後期に向かって——十三世紀半ばに始まる変化

しかし、中世社会の変化は、十三世紀半ばに始まった。鎌倉後期から南北朝期に至る変化の時期である。

承久の乱の後、王家や貴族の家では、父から嫡子へと単独で継承される嫡系を志向した。兄弟で位を継承することに否定的になり、家の分裂を招いた[27]。嫡系を志向した結果、王家では両統迭立、摂関家は五摂家分立という事態が起きた。ここでも、藤原定家流の「歌の家」が、冷泉・京極・二条家に分裂したときの阿仏尼の行動は見逃せないのであり㉘、依然として後家の力は大きかった。

女子一期分は、貴族社会において鎌倉初期に成立したが、御家人の家では、十三世紀半ば以降、多く見られるようになる。その背景には、分割相続の繰り返しによる所領の狭小化や、モンゴル戦争後の幕府の政策転換があることは、本書第八章「御成敗式目とジェンダー」で述べた通りである。これはつまり、モンゴル戦争後の鎌倉幕府の危機を、女性の権利を制限することによって回避しようとしたことである。その発想は前代の源平争乱期には見られないことであった。十四世紀に入ると、嫡子単独相続が主流になるが、女子一期分は嫁出後の生活のために続けられていく。それは、父の娘を思う心、と説明された。

十三世紀半ばに始まった変化は、南北朝期へと続く。南北朝期の評価をめぐっては、高群逸枝が、招婿婚から娶嫁婚に移行する最終段階として南北朝期を重視し、網野善彦は、南北朝期に民族史的転換があるとした。確かに、南北朝期をはさんで、大きな時代の変動があったと考えられるが、それは十三世紀半ばから開始され、十五世紀初めごろまで続くと考えるものである。しかし、烏帽子に表象される中世の身分とジェンダーの枠組は、この間、変わらず続いていた。

後藤みち子によれば㉙、南北朝頃の公家社会では、息子たちが親の屋敷内にそれぞれ別棟を建てて、嫁を取って暮らすようになる。同一屋敷内ながら食事は別々で、父の死後は嫡子が母屋に移る。このような居住形態は、十五世紀の初めごろまで続いていくと考えられている。

そして、それに続く十五世紀後半から十六世紀の戦国時代こそが、近世に向けての大転換の時代なのである。婚姻制度は本格的な嫁入婚になり、親の屋敷に別棟を建てて嫁を迎えて居住するのは嫡子だけとなり、他の兄弟たちは屋敷外に出ていくようになる。後藤は、そうした中で、家の中で果たした正妻の役割について考察している。

幕府や戦国大名などの公権力は、次第に家の自立性への介入を強めた[30]。

女性の社会的地位が全般的に低下する中で、仏教における女性の罪業観や穢観念が浸透し、十六世紀には新たに血盆経信仰が生まれ、熊野比丘尼らによって民間に広められた。こうした信仰が、近世における仏教的女性観の根幹を形作り、近代になってもなお残存していくのである。ただし、近世の女たちは、差別や不自由を強いられながらも、それを祭や行事のエネルギーに転換する力も持っていた[31]。

十五世紀頃から、男性が日常は烏帽子を脱ぐようになっていく。それは、烏帽子に象徴される中世国家の身分とジェンダーの終わりを意味するが、女性が日常的に垂髪ではなく髪を結い上げるようになるのは、男性が烏帽子を脱いでから長い年月を経た十七世紀になってからのことであり、近世的な身分とジェンダーの枠組みが整えられた後のことである。

三　各章の解説と補足

最後に、本書の各章について、解説と補足しておきたい。

第一章「中世における文字文化とジェンダー――署判から考える――」は、もともと、中世における女性のリテラシーについて、依頼を受けて書いた論文だった。そこで、花押を書いているか否かを識字のメルクマールと考えて、『鎌倉遺文』の調査を進めたのだが、「識字率」そのものの算出は難しかった。だがその過程で、鎌倉時代において古代の画指や、新しい筆軸印というものが使われていることに気がついた。それらは十二世紀から十三世紀にかけての限定された時期に現れ、女性は画指と拇印、男性は筆軸印（女性にも用いられた）と、対称的であることがわかった。

古代において、筆を持って文字を書けない男女は、身体の一部である指を本人認証の記号とする画指を用いた。その古代的な文化が、中世には、拇印と共に女性のみの文化とされた。一方、男性は曲がりなりにも筆を執り、その尻に墨をつけて紙面に押した。これは、男性はたとえ文字を知らなくとも文字社会の一員たるべく位置づけられているのに対して、女性はそうではないということである。

ただし、身体的な尺度というのは、世界の古代文明に見られることなので、この女性たちを文字社会から取り残された非文明と捉えるのではなく、これはこれで一つの無文字文化の表出と考えるべきである。そうすれば、文字の書かれた文書の上に手印を押す意味(32)と合せて解釈ができる。

ただ問題は、男は筆・女は指と、ジェンダーによって異なる文化が割り振られ、男性は文字社会の成員として先進文明を体現し、女性は身体を尺度とする無文字文化の伝統の継承者とされたことである。この、男が先進文明、女が伝統を表象するという構図は、近代初期の文明開化にも見られた構図であり、歴史の上でしばしば顔を出すことである。

男性が観念的に文字社会の成員として位置づけられたのは、律令制の導入以来、国家の官職体系を男性中心とし、やがて平安王朝時代になると、全ての「男」が、元服して烏帽子をかぶり、国家的な官職・課税システムの末端までに位置付けられたことと関係があろう。女性はそうではなかった。だから、関口裕子が九世紀の売券の署名について、「（一）画指の女性への集中、（二）男性による自署の貫徹と、女性による自署を必ずしも要請されないあり方、という二つの特徴が見られる点、しかしこの二点とも必ずしも女性の漢字表記能力の欠如を意味しない点(33)」を指摘したような現象が生じたのである。

そして、この時期に女性を身体的な存在と見ること、女性の身体性という問題が浮上してくることは、第二章の論点につながっていく。

第二章「『日本霊異記』にみる転換期の女と男」でも、女性と身体性の問題が浮かび上がった。私は以前、鎌倉時代の『沙石集』における女性観を分析したことがあるが、(34)『日本霊異記』は、『沙石集』とは全く違って、まだ中世的なジェンダーが成立していない世界である。家長・家室が並んで経営に従事し、女性にのみ「貞操」を求める観念はなく、女性を穢と結びつける観念もなく、女性を嫉妬深いとか淫乱だと言って非難する言説もない。『霊異記』は、九世紀半ばに中世的ジェンダーが萌芽する直前の社会を舞台にしているのである。そんな『霊異記』におけるジェンダーの在り方で問題にすべきは、女性の身体性である。女性にのみ突出して見られる過剰な身体描写は、明らかに男女の非対称をなしている。中世成立期の直前に書かれたテキストにおいて、最初に見られたジェンダー間の不均等は、女性は身体的存在であり、男性はそうではない、ということだった。また、ここでは、関口裕子が古代において女性の望まぬ性交は存在しなかったと書いたことについて、『霊異記』に関して言えば、必ずしもそうは言いきれないことを指摘した。重要な問題なので、ここではこれだけに留め、今後の検討課題としたい。

第三章「恋する女性は蜘蛛を歌った」は、人間と自然との関わりというテーマの中で、生物表象に焦点を絞って論じたものである。かつて『月刊百科』に掲載した文章で、ややエッセイ風の小文であるが、内容を重視して、当時のまま収録した。これまで、人間の動物に対する関わりについての研究は、食べる、家畜化する、利用する、駆除する、といった即物的・実利的な面が多く論じられてきたが、人間が他の生物に対して抱く心性や、付与するイメージ、シンボリズム、表象については、民俗学や日本文学研究には蓄積があるものの、歴史学では、近年提唱されている環境歴史学でも、未だ熟していない領域である。しかし、自然や他者との関わりは人間の文化の基本である。

ここでは、貴族による和歌を題材に蜘蛛のイメージの変遷を追ったが、論者によっては、和歌などというものは自然から隔離された貴族の想念の産物に過ぎず、民衆は生きるために厳しい自然と闘い、万物を利用してきたのだ、と主張している。たとえば、塚本学は、生物を和歌に詠む貴族について、「文字で表現される文化の世界にみられたのは、こうした経験を無視しての『自然』愛好と動物のペット視というすがたであった」として、その延長に自然と闘いつつ生きる民衆への蔑視を読み取っている。[35]だが私は、こうした二分法については、違う考えを持っている。生物と闘い、その生命を利用して生活する民衆であればなおのこと、その力を怖れ、崇め、祀るのではないかと考えられるからである。たとえば、鼠の被害に困っている人々が、大黒天のシンボルとして鼠を祀るように、様々な俗信を作って自然を解釈し、祈ったはずである。

七世紀半ば、東国の富士川の辺に住んでいた大生部多《おおおべのおお》という人が、アゲハの幼虫を常世の神と称して祀り、人々に勧めたところ、爆発的な宗教的熱狂が起こった。人々は財物を捨てて、酒や野菜、肉を並べ、「新しき富入り来たり」と騒いだ。この熱狂は都にまで達し、留まるところを知らなかったため、ついに秦河勝が大生部多を討ち、ブームを沈静化させた（『日本書紀』皇極三年七月条）。それでは、ここでアゲハの幼虫に酒食を供えて騒いだ民衆は、大生部多に騙された愚かな者たちなのだろうか。そうではあるまい。古代の社会に、蝶蛾を人の霊魂と結び付け、その羽化に神秘性を感じる心性が存在したことが、貴族たちの遺した文化から知られる。ただし、貴族たちの文化では、蝶は死者の魂とも観念され、死や別れを示す不吉なイメージとも考えられていた。その蝶を「新しき富」と結びつけたのが、ここでの宗教的熱狂を生んだわけであり、それが大生部多のオリジナルなのか、それとも、そもそも民衆は初めから蝶を、死ではなく目出度い吉兆と考えていたのか、そこは検討する必要がある。

一方、貴族でも、生物は現代人以上に身近であったと思われる。清少納言は、「虫は」の段に、蓑虫の鳴き声なるものを書き記している。これはまさに、観察に基づかない伝承の世界である。しかし、その一方で、蟻が水に沈まない様子（四一段「虫は」）や、蚤が衣の下で跳ねている様子（二六段「にくきもの」）などを記している。人間の自然に対する向き合い方の中には、実利的な価値の追求だけではない、心性や表象の面が確かに存在し、それを捨象してしまっては、人の自然・生命と向き合い方の文化が総合的に捉えられないと思う。

なお、ここで蜘蛛を取り上げたのは、古今東西の文化において、蜘蛛ほど豊かなイメージと象徴性に満ちた生物はそう多くないからである。多くの文化圏において、人は、蜘蛛の姿に何かを感じ、ある時は人間の創造主として（アメリカのホピ族など）、ある時はトリックスターとして（アフリカのアシャンティなど）、またある時は邪悪な存在として（中世ヨーロッパなど）、特別視してきた。アラクノフォビア（蜘蛛嫌悪症）という病名が存在するほど、人間の感性に強く訴えかける何かがある。私自身、子どもの頃から虫は全般的に好きであるが、中でも蜘蛛は特別な存在で、不思議な雰囲気と美を感じて、すっかり魅了されてきたのである。

そして、蛇と同様に、蜘蛛のイメージにも、ジェンダーが深く関連している。古代中国で人が来る吉兆とされた蜘蛛の表象は、日本の貴族社会では、夫を待つ女性の心情を表すようになる。それゆえ、蜘蛛を詠んだ和歌は、人待つ恋の歌であり、女の歌である。蜘蛛の表象が、婚姻制度ゆえに変容し、ジェンダーと深く関連づけられたのである。

この章は、蜘蛛という一つの生物のイメージを追いかけた小論であるが、蜘蛛は生物の中でも豊かなイメージに満ちていて、日本文化を掘り下げれば、まだまだ蜘蛛に関連するものが出てくるはずである。

そして、十三世紀半ばという時期に、人の蜘蛛に対する考え方に変化が現れる。日本文化にアラクノフォビア（蜘蛛嫌い）の要素が前面に出てきたのであり、文化における大きな変動が始まったことを示している。

本章は、夫を待つ婚姻制度の中での女性の心性と表現に注目しており、女性史らしい仕事だと自負している。

なお、余談だが、かつてこの小論を『月刊百科』に掲載した後、多摩動物公園の機関誌『インセクタリウム』（多摩昆虫愛好会）から依頼されて、「蜘蛛を愛づる日本文化史」というエッセイを書いた。そうしたところ、それを見てくださった蜘蛛研究者の方が、鹿児島県の加治木で開かれた日本蜘蛛学会のシンポジウム（二〇〇二年）に招いてくださり、蜘蛛観察会や蜘蛛合戦の観戦などの機会に恵まれた。やはり蜘蛛は人をつなぎ、幸運を招いてくれるのだと実感したものである。

第四章「運慶願経にみる運慶の妻と子――女大施主と阿古丸をめぐって――」は、仏像愛好が昂じて、ある時ふと気がついた事がらを、これまでの研究を応用して考察してみたものである。第五章でも考察した中世の名前の付け方、夫婦単位での仏教信仰の在り方[36]などを基に、「運慶願経」に見られる「女大施主阿古丸」は、「女大施主」と「阿古丸」と区切って読むべきであり、阿古丸は運慶の子（おそらくは嫡子の湛慶）、女大施主は運慶の妻と推定した。

かつて、女性史研究がアカデミズムにうって出た最初の仕事である女性史総合研究会編『日本女性史』全五巻[37]を世に出した脇田晴子は、女性史は応用問題であると述べて議論になったが、今やすでに、女性史の研究で鍛えてきた方法論を他のジャンルに応用すべき時が来たのではないかと考える。

第五章「大姫・乙姫考――『父の娘』から『太郎の嫁』へ――」のタイトルは、言うまでもなく馬場あき子の名著『大姫考』へのオマージュである。これはもともと、歴史学と文学の架橋のようなことを考える中で、生まれた論考である。平安時代から鎌倉末期に至る家族の変化の中で、大姫（長女）と乙姫（次女以下）のそれぞれの位置、役割と人生について考察したものである。中世の姉妹の名に、大姫・乙姫、姉子（太子）・二子・三子などの女子排行名を付けるのは、女子が家の相続から排除されていなかったからである。そこで、嫡女である大姫は、父の娘であり、家のための役割を期待され、家族のために尽くす存在であった。その段階で、乙姫は状況によっては大姫の身代わりになる存在に過ぎなかった。しかし、女子排行名は十三世紀には減少し、十四世紀にはほぼ消滅する。だが、そこに唯一残ったのは、「乙」のつく名であった。それは、すでに排行名の意味を失い、単に若さ、幼さを示す愛らしい名前として付けられたと考えられるが、その背景にあるのは、父の家に対する責任が嫡男（太郎）一人に集中し、従来の大姫の役割さえも太郎に吸収されたため、女子は全員が乙姫の位置になったためである。日本昔話のカップルは、太郎と乙姫となった。

第六章「父の膝」は、中世の父子関係について、史料にしばしば現れる、幼子が「父の膝に居る」「父の膝に遊ぶ」という仕草を通して考察したものである。中世における親子関係については、これまでもっぱら母子関係について論じられてきた。[38]また身体論は、女性の身体を扱うものがほとんどであったが、この小文は、男性の身体に目を向け、中世の父と子のスキンシップについて論じている。中世には「慈父悲母」と言われ、父は「厳父」ではなく、「慈父」と考えるのが一般的であった。幼い子は、よく父の膝にいて遊んでいるものだった。しかし、父子関係には母子関係とは明らかに異なる側面があった。それは、父の膝は、単なるスキンシップの場にとどまらず、地位を継承する政治の場でもあったということである。父の膝は、嫡子の認定、さらには次の天皇の選定の舞台にすらなった。

第七章「鎌倉の禅尼たちの活動と伝説化について」は、前著『仏教と女性の精神史』から引き続き行なってきた女性と仏教研究の一環である。禅宗の興隆には、無外如大禅尼[39]を持ち出すまでもなく、鎌倉幕府関係の女性たち、妻たちの力は大きい。ここでは、鎌倉幕府の中枢部にいた女性たち、如実妙観（北条政子）、本覚尼（源実朝室）、覚山志道（北条時宗室）、覚海円成（北条高時母）の、これまであまり知られてこなかった出家後の禅尼としての姿を追った。ここで、女性と仏教の研究[40]についての新たに得られた知見は、如実妙観（北条政子）や東慶寺の尼たちの活動が、本人たちは特に女性たちの救済を意図したわけではなくても、後世になって、女性のための活動であったとされ、伝説化されていくことである。こうした伝記の変容はきわめて興味深く、女性と仏教研究において、掘り下げるべき問題であると思った。

第八章「御成敗式目とジェンダー」については、すでに本章でも多くの紙面を割いて解説してきたが、ここで再度強調しておきたいのは、ある政権について考える時に、そのジェンダー政策を見ることなしに、その全体像を解明することはできないということである。戦国大名権力や織豊政権についても、その言及が待たれるところである。

本書は中世の日本社会というきわめて限定された世界に関する考察に過ぎない。だが、限定された範囲の研究であっても、思考は狭い枠に捕らわれず、常に人間というもの、人間の社会、人間の文化を探究する視座を持って、研究を深めていきたいと考えている。

註

(1) ジョーン・W・スコット、荻野美穂訳『ジェンダーと歴史学』平凡社選書、二〇〇四年。
(2) 角川書店編集部編『地獄草紙・餓鬼草紙・病草紙』〈日本絵巻物全集〉六、角川書店、一九六〇年。
(3) 阿部謹也『ハーメルンの笛吹き男―伝説とその世界』、平凡社、一九七四年。
(4) 井上光貞・大曾根章介校注『往生伝・法華験記―続・日本仏教の思想1』〈日本思想体系〉、岩波書店、一九七四年。
(5) 中田祝夫校注訳『日本霊異記』〈日本古典文学全集〉小学館、一九七五年。
(6) 桑原博史全校注『とりかへばや物語』、講談社文庫、一九七八年。
(7) 黒田日出男「女か稚児か」『姿としぐさの中世史』平凡社、一九八六年。
(8) 田中貴子「中世における「児」―児のジェンダー／セックスをめぐって」、『「性を考える」わたしたちの講義』、世界思想社、一九九七年。のち、「「稚児」と僧侶の恋愛――中世「男色」のセックスとジェンダー」として、『性愛の日本中世』、洋泉社、一九九七年、所収。
（9）伊集院葉子『日本古代女官の研究』、吉川弘文館、二〇一六年。
（10）佐藤進一『日本の中世国家』、岩波書店、一九八三年。
（11）穢については多くの研究がある。西山良平「王朝都市と《女性の穢れ》」、女性史総合研究会編『日本女性生活史』古代、東京大学出版会、一九九一年。同「穢れの芽生え」、総合女性史研究会編『日本女性の歴史――文化と思想』、角川書店、一九九三年。拙稿「女の穢と男の不浄」（『仏教と女の精神史』、吉川弘文館、二〇〇四年）など。
（12）牛山佳幸「律令制展開期における尼と尼寺」『民衆史研究』二三、一九八二年。同「古代における尼と尼寺の問題」『民衆史研究』二七、一九八四年。両論文とも、のち牛山『古代中世寺院史の研究』吉川弘文館、一九九〇年、所収。平雅行「旧仏教と女性」、津田秀夫先生古稀記念会編『封建社会と近代』同朋社、一九八九年。のち「顕密仏教と女性」と改題の上、平『日本中世の社会と仏教』塙書房、一九九二年、所収。
（13）服藤早苗「元服と家の成立過程――平安貴族の元服と叙位」、前近代女性史研究会編『家族と女性の歴史――古代・中世――』、吉川弘文館、一九八九年、のち『家成立史の研究』、校倉書房、一九九一年、所収。
（14）服藤早苗「平安王朝時代の成女式――加笄から着裳へ――」、服藤早苗・小嶋菜温子編『生育儀礼の歴史と文化』、森話社、二〇〇三年。のち、服藤『平安王朝時代の子どもたち――王権と家・童――』、吉川弘文館、二〇〇四年、所収。
（15）服藤早苗「平安時代の女性経営権の一考察」、『家成立史の研究』、校倉書房、一九九一年。
（16）高橋秀樹『中世の家と性』〈日本史リブレット〉山川出版社、二〇〇四年。
（17）勝浦令子「院政期における夫と妻の共同祈願」、『高知女子大学紀要』三三、一九八七年。のち同『女の信心――妻が出家した時代――』平凡社、一九九五年、所収。
（18）黒田日出男「「人」・「僧侶」・「童」・「非人」」『境界の中世　象徴の中世』、東京大学出版会、一九八六年。
（19）小松茂美編集・解説『男衾三郎絵詞・伊勢新名所絵歌合』〈続・日本の絵巻〉、中央公論社、一九九二年。
（20）松尾聡・永井和子校注『枕草子』「新編日本古典文学全集」、小学館、一九九七年。

（21）拙稿「鎌倉時代の古文書に見る女性の仏教認識・心性」、『仏教史学研究』三九―一、一九九六年。のち拙著『仏教と女の精神史』、吉川弘文館、二〇〇四年、所収。
（22）角田文衞『椒庭秘抄―待賢門院璋子の生涯―』朝日新聞社、一九七五年。
（23）イヴ・K・セジウィック、上原早苗・亀澤美由紀訳『男同士の絆』、名古屋大学出版会、二〇〇一年。
（24）渡邊綱也校注『愚管抄』〈日本古典文学大系〉、岩波書店、一九六六年。
（25）五味文彦「女院と女房」、『家族史研究』五、大月書店、一九八二年。のち「女院と女房・侍」と改題の上、『院政期社会の研究』、山川出版社、一九八四年、所収。
（26）拙著『北条政子―尼将軍の時代―』、吉川弘文館、二〇〇〇年。
（27）たとえば、拙稿「家領の相続に見る九条家」、『日本歴史』四八一、一九八八年。のち拙著『家族史としての女院論』、校倉書房、二〇〇六年、所収。同「中世における天皇家―女院領の伝領と養子―」、前近代女性史研究会編『家族と女性の歴史―古代・中世―』、吉川弘文館、一九八九年。のち「不婚内親王の准母立后と女院領の伝領」と改題の上、拙著『家族史としての女院論』所収。
（28）田渕久美子『阿仏尼』、吉川弘文館、二〇〇九年。
（29）後藤みち子『中世公家の家と女性』、吉川弘文館、二〇〇二年。同『戦国を生きた公家の妻たち』、吉川弘文館、二〇〇九年。
（30）たとえば、勝俣鎮夫「中世武家密懐法の展開」、『戦国法成立史論』、東京大学出版会、一九七九年。
（31）菅原征子「信仰と女性の穢れ―血盆経信仰にみる女性の自己主張―」、女性と仏教東海・関東ネットワーク編『仏教とジェンダー［女たちの如是我聞］』、朱鷺書房、一九九九年。
（32）大喜直彦「「手」と「自筆」―聖なるモノとしての文字―」『風土と文化』創刊号、二〇〇〇年。のち『中世びとの信仰社会史』、法蔵館、二〇一一年、所収。
（33）関口裕子「平安時代の男女による文字（文体）使い分けの歴史的前提―九世紀の文書の署名を手がかりに―」、笹山晴生先生還暦記念会編『日本律令制論集』下、吉川弘文館、一九九三年。

(34) 拙稿「沙石集における女性観」、前掲(20)拙著所収。
(35) たとえば、『ひとと動物の近世　つきあいと観察』〈朝日百科日本の歴史〉別冊、朝日新聞社、一九九五年。塚本学執筆部分。
(36) 勝浦前掲(16)論文。
(37) 女性史総合研究会編『日本女性史』全五巻、東京大学出版会、一九八二年。
(38) たとえば、脇田晴子編『母性を問う—歴史的変遷』上下、人文書院、一九八五年。
(39) バーバラ・ルーシュ『もう一つの中世像—比丘尼・御伽草子・来世—』、思文閣出版、一九九一年。
(40) かつて、大隅和雄・西口順子の主催で、研究会「日本の女性と仏教」が開かれ、議論が発展した。その成果の一部は、大隅和雄・西口順子編『尼と尼寺』『救いと教え』『信心と供養』『巫と女神』〈シリーズ女性と仏教1—4〉、平凡社、一九八九年。他にも、この研究会に参加した研究者により、多くの研究成果が世に出された。西口順子『女の力—古代の女性と仏教』、平凡社、一九八七年。同編『仏と女』〈中世を考える〉、吉川弘文館、一九九七年。勝浦令子前掲(16)書。同『日本古代の僧尼と社会』、法蔵館、二〇〇〇年。平雅行前掲(11)論文。牛山佳幸前掲(11)論文。細川涼一『女の中世—小野小町・巴・その他—』、日本エディタースクール出版局、一九八九年。田中貴子『悪女論』、紀伊国屋書店、一九九二年。同『聖なる女—斎宮・女神・中将姫—』、人文書院、一九九六年。遠藤一『仏教とジェンダー—真宗の成立と「坊守」の役割—』、明治書院、二〇〇〇年。拙著前掲(20)書。他多数。

あとがき

本書は、この十年の間に考えてきたことをまとめたもので、私の五冊目の単著になる。これまで、中世の後家や母について、女院について、あるいは女性と仏教について研究をしてきたが、今回は社会史というべき内容になった。また、広義の文化史でもある。そもそも、私が追求したいのは、人間の文化史なのである。

社会史には、思い入れがある。私が大学で二〇歳代の全てを過ごしたのは、ちょうど一九八〇年代であり、まさに社会史ブームのただ中だった。それゆえ、私は最も強く社会史の影響を受けて育った世代であると言える。学部の講義で聞いた絵画史料論、大学院のゼミで輪読して自由狼藉な議論を楽しんだ『中世の罪と罰』（網野善彦・石井進・笠松宏至・勝俣鎮夫著、東京大学出版会、一九八三年）……そこでは、過去の人間の生々しい生活感覚や息づかいが感じられ、日常性に迫る新しい歴史学があった。

その一方で、戦後の歴史学を牽引してきた人民闘争史や社会経済史の立場からの、社会史に対する反発はきわめて激烈だった。当時の私は、両者がそんなに矛盾するものとは思えず、何でそんなに感情的な議論をするのかなあ、と不思議に思っていた。確かに、社会史はマスコミにもてはやされたこともあって、何となく軽薄な感じは否めず、特に現代人から見て不可解なものは何でも「呪術」で片付ける傾向には問題があった。研究者が感覚的にものを言うことも、その感覚がズレていれば何とも奇妙な話になった。ただ、研究者の感性というものは、「気づき」「視点」のために必要不可欠なものであり、全てがいけないわけではないと思う。歴史学には、研究者の感覚の当否を議論し評価するメソッドがないので、史料で裏が取れないことについては、「言ったもん勝ち！」か「先行研究がないからリジェクト！」か、どちらかのような状況になり、鍛え合うことが難しい。

特に激しい批判の的になったのは、言うまでもなく、大スターの網野善彦さんであった。所謂「網野史学」が一般に広く読まれ、様々な文化シーンに影響を与える一方で、学界での風当りはきわめて強かった。たとえば、安良城盛昭さんは、渾身の力を振り絞るようにして、網野批判を展開していた。安良城さんの『天皇・天皇制・百姓・沖縄―社会構成史研究よりみた社会史研究批判――』（吉川弘文館、一九八九年）は、ほとんど網野批判のための書である。ここでの安良城さんの議論は、社会史それ自体を批判しているのではなく、むしろ日本の社会史はアナール学派の輸入学ではないとして、社会史のパイオニアとして喜田貞吉と伊波普猷を挙げるなど、興味深いものである。安良城さんが渾身の力を籠めて批判したのは、網野史学だったのである。

さて、ジェンダーの視点から網野さんの仕事を見れば、すでに多くの論者が述べているように、とても大きな問題がある。今この場で展開することはできないが、一言で言えば、網野史学の描き出す社会像の根底に、人間の性を「自然」とする誤解があって、女性に対する評価は全てそこから出発していることである。人間の性が「自然」でないことが明らかである以上、網野さんの構築した社会像は根底から揺らいでいくのである。

では、網野史学には何も残らないかと言うと、そんなことはない。網野さんを解くキーワードは「大きさ」と「インスパイア」だ。網野さんが、如何に学界をインスパイアし、反発も含めて議論を喚起し、流れを作ったか。自然と人間、原始と文明、東と西、多民族国家――網野史学は、ポスト高度成長時代の大きな思考の枠組みを作るものだった。その影響のもとに多くの研究者が生まれ、文化人が生まれ、思想の潮流が生まれた。もちろん、女性が、自然・無縁の側に分類されたのは首肯できないものの、社会的に差別され、弱い立場に置かれた者たちこそが、実は社会を動かす大きな力を持っていたという逆転の思考は、若干ロマンティックではあるが、今なお魅力的である。私も、細かいところでは、大いに影響を受けた。かつて提唱した不婚内親王の准母立后は、実は、池袋のセゾンのホールで、網野善彦さんと上野千鶴子さんのトークを聞いて考えついたのである（網野善彦・上野千鶴子・宮田登『日本王権論』春秋社、一九八八年）。

八〇年代など、つい昨日のことのように思っていたが、すでに語るべき「歴史」になってしまった。社会史は歴史学の流れを確かに変え、いつしか静かに主役の座を降りた。社会史とは何だったのか、なぜ振るわなくなったのか。それについては、清水克行さんの好論「習俗論としての社会史」（中世後期研究会編『室町・戦国期研究を読みなおす』思文閣、二〇〇七年）をお読みいただきたいと思う。

思えば、八〇年代は、歌姫が「馬鹿にしないでよ」と啖呵を切って始まったのだった。それぞれが仕事を持つ恋人たちは週末の逢瀬にシンデレラ・エキスプレスに乗り、氷上のクイーンはジャンプに成功してガッツ・ポーズを出し、ナウシカが空を飛び、キャッツ・アイがビルの谷間を跳び、おやじギャルがゴルフボールをかっ飛ばし、オバタリアンは自転車でお花を踏み潰し、主婦たちは「亭主元気で留守がいい」とつぶやき、マドンナたちが街頭で演説し、女性党首は「山が動いた」と頷いた。家庭科男女共修、男女混合名簿、男女雇用機会均等法、子どもの権利条約……時代が変わる気がした。あれから私たちは、どの辺りまで歩いてきたのだろうか。

本書では、「女性史」「ジェンダー史」という言葉は極力使わないようにした。「女性史かジェンダー史か」といった議論に参戦したくなかったからである。以前、私は、「ジェンダー史」というと何だか歴史学の中の一分野のようで誤解を招くから、使わない方がいいのではないか、と述べたことがある。しかし、今や「ジェンダー史」はすっかり市民権を得て定着しているので、もはや誤解は招かないだろうと思う。ゆえに、今はもちろん批判するつもりはない。しかし、「女性史からジェンダー史へ」と言うつもりもない。

日本の女性史は、高群逸枝以来、その根底に、女性の解放と人間の平等への希求がある。また、女性史は、下位に置かれた女性から見て初めて見える人間の真実を追求するものである。そして、女性史は、女性を主体を持った人間として歴史の中に立ち現れさせる。そのために、あくまでも女性を主体として叙述する。女性史のこうした視座は、「ジェンダー史」はもちろん、あらゆる歴史学において在るべきものだと思っている。

最後になったが、本書の刊行に御力添え下さった池享さん、榎原雅治さん、近藤成一さん、編集を担当して下さった佐藤涼子さん、山脇あやさんに深く感謝し、御礼を申し上げる。

二〇一七年正月

野村育世

初出一覧

第一章　「中世社会のリテラシーとジェンダー」（『歴史評論』六九六、二〇〇八年）を加筆修正した。
第二章　「『日本霊異記』の女と男」（『歴史評論』六六八、二〇〇五年）を加筆修正した。
第三章　「恋する女性は蜘蛛を歌った」『月刊百科』四〇一、一九九六年。
第四章　「運慶願経にみる運慶の妻と子――女大施主と阿古丸をめぐって――」『日本歴史』七八〇、二〇一三年。
第五章　「大姫・乙姫考――中世の姉と妹、それぞれの役割と人生――」『ジェンダー史学』四、二〇〇八年。
第六章　「父の膝」『総合女性史研究』二九、二〇一二年。
第七章　「知られざる鎌倉の禅尼たち――その活動と伝説化――」、竹村和子・義江明子編『思想と文化』〈ジェンダー史叢書〉三、明石書店、二〇一〇年。
第八章　「御成敗式目とジェンダー」『鎌倉遺文研究』二八、二〇一一年。
終　章　新稿。一部に「中世は家族のあり方や女性の地位が大きく変化した時代と言われますが、本当ですか」（『日本歴史』七六四、二〇一二年）を含む。

ジェンダーの中《ちゅう》世《せい》社《しゃ》会《かい》史《し》

■著者略歴■

野村育世（のむら　いくよ）

1960年東京都生。早稲田大学第一文学部卒業。早稲田大学大学院文学研究科（日本史専攻）博士後期課程満期退学。博士（文学）。

現在、女子美術大学付属高等学校・中学校教諭として勤務する傍ら、インディペンデント・スカラーとして日本中世史・女性史の研究を続けている。

主要著書

(単著書)『北条政子―尼将軍の時代―』吉川弘文館、2000年。『仏教と女の精神史』吉川弘文館、2004年。『家族史としての女院論』校倉書房、2006年。『絵本日本女性史』1＜原始・古代・中世＞、大月書店、2010年。

(共著書) 前近代女性史研究会編『家族と女性の歴史―古代・中世』吉川弘文館、1989年。他多数。

2017年5月20日発行

著　者　野村育世
発行者　山脇由紀子
組　版　㈱富士デザイン
印　刷　モリモト印刷㈱
製　本　協栄製本㈱

発行所　東京都千代田区飯田橋4-4-8
（〒102-0072）東京中央ビル　㈱同成社
TEL　03-3239-1467　振替　00140-0-20618

ISBN978-4-88621-759-2 C3321

同成社中世史選書

①日本荘園史の研究
阿部　猛著　三二八頁・本体七五〇〇円

荘園の成立過程から古代国家の財政機構、政治過程まで、半世紀にわたり荘園史研究に取り組んできた著者による多面的論集。袋小路に陥りがちな中世史研究に一石を投じる。

②荘園の歴史地理的世界
中野栄夫著　四一〇頁・本体九〇〇〇円

史料の悉皆調査と共に荘園史研究に欠くことのできない現地調査において、空中写真などをも利用する研究法の嚆矢ともいえる諸論文を集めた。今後の歴史地理研究への指針となるべき論集。

③五山と中世の社会
竹田和夫著　二八〇頁・本体六〇〇〇円

政治・外交・文化の諸分野に関わる人材を輩出した中世の五山。本書は、『蔭凉軒日録』を丹念に読み込むことで五山のシステムや五山僧の活動を解明し、中世社会を浮き彫りにする。

④中世の支配と民衆
阿部　猛編　三〇六頁・本体七〇〇〇円

編者の傘寿を祝して、表題のテーマのもと気鋭の執筆人が一堂に会し、中世の地方権力と民衆の支配・被支配をテーマとする諸論文を連ねて、日本中世史の一側面を鮮やかにえぐり出す。

⑤香取文書と中世の東国
鈴木哲雄著　三七〇頁・本体六〇〇〇円

中世東国の史料群として希有の分量を有する香取文書を、書誌学的・史料史的な方法で調査分析。膨大な文書群を整理・復原することによって、東国社会の歴史的特質を浮き彫りにする。

⑥日本中近世移行論
池　享著　三三〇頁・本体七〇〇〇円

戦後歴史学の研究蓄積と問題意識を受け継ぎつつ、なおその限界を厳しく見据え、中世から近世への時代転換のダイナミズムに内在する論理を抽出し、総体的な歴史像の再構築を模索する。

⑦戦国期の流通と地域社会
鈴木敦子著　三三八頁・本体八〇〇〇円

戦国期、中央から遠隔の九州地域ではどのような流通経済が展開されていたのか。鉄砲の調達、町場の成立や貨幣流通など具体的な社会動向を追究し、その地域特性と流通構造を明らかにする。

⑧中世後期の在地社会と荘園制
福嶋紀子著　三二二頁・本体七〇〇〇円

中世後期における自律的な村の形成に着目。前期とは異なる荘園経営方式を、地域社会の変容の中で把握し直し、研究の新機軸を打ち立てる。

⑨紀伊国桛田荘
海津一朗編　三一〇頁・本体六五〇〇円

和歌山県紀ノ川河川敷で発掘された堤防跡の調査を含む、中世荘園桛田荘の全容究明にとり組んだ15年間に及ぶ歴史学、考古学、地理学研究者による学際研究の成果を総括する。

⑩中世社会史への道標
阿部　猛著　三三八頁・本体七五〇〇円

古代史の視点をふまえつつ、中世社会の土台をなす「荘園制」追究にとりくみ、そうした中から荘園世界に生きる人々の営みを多方面からとらえてゆく。中世の社会史構築の道標ともなる諸論考。

⑪初期鎌倉政権の政治史
木村茂光著　二三四頁・本体五七〇〇円

挙兵から征夷大将軍就任までを区切りとする従来の研究への批判的問題意識を軸に、頼朝死後の幕政も見据えて、内乱を勝ち抜いた武人政権が統治権力の主体として発展してゆく諸相を活写する。

⑫応仁の乱と在地社会
酒井紀美著　二七四頁・本体六八〇〇円

応仁の乱中、東西両軍の道筋となった京近郊の山科・西岡地域の村々の動きに焦点をあて、動員されるばかりでなく、自らの意志で行動することの多かった中世村落の側から応仁の乱を描き出す。

⑬中世都市根来寺と紀州惣国
海津一朗編　三六八頁・本体七三〇〇円

中世の一大宗教都市、根来寺。保存運動の過程で明らかになった重要遺跡とその構造的な特色、新たに発見された文書の解析を通じて、中世根来寺の全容を明らかにする。

⑭室町期大名権力論
藤井　崇著　三七八頁・本体八〇〇〇円

南北朝・室町期大内氏の研究から、大内氏分国の実態を通史的に解明し、室町幕府―守護体制論の批判的検討を進め、新たな視点からの大名権力論を構築する。

同成社中世史選書

⑮日本中世の学問と教育
菅原正子著　二五〇頁・本体六〇〇〇円
高い識字率を支えた庶民教育の実相と、武士、公家および天皇と知識人たちとの交流をたどりながら、当時における学問のあり様を検証。中世を規定した思想の根源を追究する。

⑯鎌倉府と地域社会
山田邦明著　三六〇頁・本体八〇〇〇円
中世後期、鎌倉府の支配下にあった関東における政治史を鳥瞰するとともに、地域社会の民衆・武士・寺院各々の、時に緊迫する相互関係を多様な観点から検証する。

⑰国東六郷山の信仰と地域社会
飯沼賢司著　三二六頁・本体七〇〇〇円
大分県国東半島に位置する六郷山地域。独特の山岳仏教文化の成立と展開の史的過程を明らかにし、山岳の開発によって拓かれた地域社会の支配と信仰を、総合的に検証する。

⑱武家権力と使節遵行
外岡慎一郎著　四七四頁・本体九〇〇〇円
不動産訴訟に際し公的な裁定を執行すべく各地に遣わされた特命使節。その遵行の「現場」で公権力と在地社会の意思が切り結ぶさまを、膨大な資料を渉猟し緻密に分析。使節遵行の意義を問う。

⑲東国武士と京都
野口　実著　二四〇頁・本体五〇〇〇円
東国武士は京都にも拠点を置き西国との間に「一所傍輩のネットワーク」を築いた。東西を移動する武士像を提示し、在地領主制論をふまえ職能論的武士論を発展させ、中世武士を鮮やかに描き出す。

⑳中世の武家官僚と奉行人
森　幸夫著　二七六頁・本体六〇〇〇円
鎌倉時代の六波羅探題や室町時代の奉行人を中心に、武士が「文」を兼備して、吏僚として支配機構を支えるに至った様相を明らかにし、従来十分に評価されてこなかった奉行人の実像を照射する。

㉑鎌倉時代の足利氏と三河
松島周一著　二五〇頁・本体五五〇〇円
下野国足利庄を本拠とする足利氏は、鎌倉幕府の有力者として如何にして三河の地に勢力を築いていったのか。幕府の形成から室町時代へと至る揺籃期を、足利氏一門の栄枯盛衰を通して精彩に描く。